現代臨床政治学
シリーズ
6

海外直接投資の誘致政策

インディアナ州の地域経済開発

邊牟木廣海

東信堂

はじめに　　海外直接投資の研究に当たって

　インディアナ州は、1816年にアメリカ連邦に加盟した第19番目の州で、中西部のなかの中心に位置する工業と農業の盛んな州である。約620万の人口を擁するインディアナ州は、人口では全米で第14位、人口密度では同じく第17位である。州の面積は、3万6,418平方マイル(約9万4,318平方キロメートル)、東西の長さは140マイル(約225キロメートル)、南北の長さは270マイル(約435キロメートル)、そして、州内でいちばん高い山でもわずか1,257フィート(約383メートル)で、海抜は平均689フィート(約210メートル)である。

　インディアナ州の州都インディアナポリスは、7本のインターステーツ・ハイウェイが集結する交通の要衝である。このため、インディアナ州議会は、1937年、インディアナ州のモットーを「アメリカの十字路」(Crossroads of America)と制定した。その後、70年余を経過して、全米で7本のインターステーツ・ハイウェイが1カ所に集結するのは、インディアナポリスを除いて他には存在しない。このことは、輸送の利便性という点で、海外直接投資を誘致するための最大の要因のとなっている。

　インディアナ州の名称は、「インディアンの土地」という意味に由来する。インディアナ州は、数少ない大規模な都市部と多数の小規模な工業都市部を併せ持つ多様な州である。インディアナポリスは、毎年、メモリアル・デイ(戦没将兵追悼の日)の前日つまり5月最終日

曜日からおこなわれる「インディー500」自動車レースで世界中によく知られている。

インディアナの州民は、「フージアー」(Hoosier)と呼ばれ、他所から来た人々を丁重にもてなすという意見の「フージアー・ホスピタリティー」(Hoosier Hospitality)の慣習は、海外直接投資を心から歓迎する大きな素地の一つともなっている。

本研究は、インディアナ州における地域経済開発を巡って、1980年以降の海外直接投資(FDI = Foreign Direct Investment)誘致政策の展開に関する研究である。すなわち、インディアナ州政府における海外直接投資の誘致政策が、どのようにグローバルな展開を遂げてきたかについて歴史的に跡づけ、かつ、そこに内在する諸問題を理論的に究明しようとするものである。換言すれば、本研究は、海外直接投資を誘致する側と海外へ直接投資する側の両者の論理に焦点を当て、いかに効率的に海外直接投資の誘致政策を展開し、いかにそれを成功へ導くかという実験的な試みを分析し、批判的に論究しようとするものである。

フランスの政治家であり、歴史家であったアレクシ・ドゥ・トクヴィル(Alexis de Tocqueville)は、著書『アメリカの民主政治(Democracy in America)』のなかで、「アメリカでは実力は連邦政府にあるよりもむしろ州政府にある」[1]と述べている。そこで、本研究は、海外直接投資の誘致が成功裏に推進されている典型的な州の一つとして、インディアナ州に焦点を当てることにする。

インディアナは、「1787年ノースウェスト法」(The Northwest Ordinance of 1787)の制定によって、「インディアナ準州」(Indiana Territory)と呼

ばれるようになった。その時代から、豊かな農業用地が広陵と開け、やがてコーン・ベルトへと変遷する素地を擁し、併せて、その後の人的交流と工業化によって経済的発展を遂げる要素を十分に兼ね備えていたのであろう。その後、インディアナは、1816年12月11日、インディアナ準州からインディアナ州として連邦への加盟を果たして、アメリカ連邦の一つの州として順風満帆のスタートを切ったかのように見えた。しかしながら、その後、インディアナ州議会は、まったく税収に見合わない「1836年大規模地域開発法案」(The Mammoth Improvements Act of 1836)を通過させるなどの政治的失敗およびその後の断続的な経済恐慌によって、州政府の財政はモラトリアムに陥り、州民は長年にわたって苦渋を味わわされる結果となった。そのこともあって、インディアナ州民は次第に保守化への道を辿るようになった。今日まで継承されている州民の保守性は、それを強烈に引きずっている。

　過去の四半世紀の間に、インディアナ州の政治は、共和党政権から民主党政権へ引き継がれ、さらに、4期16年の民主党政権時代を経過して、民主党政権から共和党政権へと回帰した。インディアナ州における地域経済開発の目的のために、両政権はともに海外直接投資の誘致政策を主要な経済政策の一つの柱としてきた。いずれの政権がより熱心に海外からの直接投資の誘致政策に力点をおいてきたかという疑問に関しては、むしろ政権担当のリーダーである州知事が、より熱心であったかということに尽きる。つまり、当時の州知事自身の海外直接投資の誘致政策に対する関心の度合いによって、若干の差異が生じてきたといえる。

　日本からアメリカへの直接投資は、1980年代の10年間にわたって、もっとも集中した。エドワード・グラハム (Edward M. Graham)

とポール・クルーグマン(Paul R. Krugman)は、著書『Foreign Direct Investment(海外直接投資)』のなかで、「1980年代、アメリカは海外直接投資の世界最大のホスト・カントリーとなり、同時に多国籍企業の世界最大のホーム・カントリーとなった。とくに、日本の海外直接投資の急速な台頭は、世界経済における国家の役割と日米経済関係の論争の糸口をこじ開けるのもとなった」[2]と指摘すると同時に、「もっともドラマティックな海外直接投資の増加は、1985年から1990年までの6年間であった」[3]とも指摘している。実際に、日本からアメリカへの直接投資は、対インディアナ州への直接投資を含めて、この期間に大きな増加傾向が見られた。

インディアナ州で最大の電力サービス・テリトリーを誇るシナジーPSI(Cynergy Public Service Indiana)社が公表しているデータによると、インディアナ州における世界各国からの海外直接投資プロジェクト数は、2006年1月現在、700社を超える[4]。また、筆者が独自に調査した資料によると、このうち約三分の一に相当する235社が、日本からの直接投資プロジェクトで占められている。もちろん、世界各国のなかでは日本がインディアナ州への直接投資プロジェクト数において第1位の座を占めている。同じく、筆者独自の調査資料によると、1985年当時、日本からインディアナ州への直接投資プロジェクト数は、わずか数社しか存在しなかった。その後の20年間に、日系の直接投資プロジェクトの大幅な増加が見られるようになり、年間平均11ないし12プロジェクトが、日本からインディアナ州へ進出していった。

今日、世界中の国々をはじめ、各地方自治体ならびに第三セクターが、相互に競い合いながら、常に海外直接投資を追い求め、海外直接投資の誘致に努力しているのが現状である。そして、海外直接投

資の誘致という目的のために、世界中で激しい誘致競争が展開されている。それらのデータは、国際連合の国際貿易開発会議（UNCTAD）の『世界投資報告（World Investment Report）』で公表されている。しかしながら、これらのデータのなかで取り扱われる海外直接投資とは、海外直接投資企業による純粋な工場進出の割合はきわめて限定的であり、投機的な目的による不動産の取得や現地企業への資本参加目的の株式取得などがそのほとんどを占めていることが最大の特徴である。したがって、これらのデータは、純粋な工場進出による直接投資の実態を十分に反映したものとはいい難い。

　これまでの海外直接投資に関する研究成果については、すでに多数の著作が存在するが、それらはいずれも海外直接投資の実体を分析し、論究したもので占められている。海外直接投資によるグローバリゼーションに関する研究成果についても同様である。本研究は、いかに効率的な海外直接投資の誘致政策を展開し、いかにそれを成功へ導くかという現実的な視座から論究するものであり、この点において従前の研究成果に依拠するものではない。

　アメリカ政治特有のスポイル・システム（Spoil System）は、インディアナ州における共和党政治と民主党政治による党派政治が相互に入れ替わるプロセスにおいて、海外直接投資の誘致政策を展開する上で、何らかの障害とはならなかったのであろうか。また、それが海外直接投資の誘致政策において何らかの決定的なダメージを与えることはなかったのであろうか。さらに、スポイル・システムは長所と短所の両面を併せ持つといわれているが、それはどのようなことであろうか。本研究では、スポイル・システムがもたらす功罪について多角的に論究する。

インディアナ州は、過去の四半世紀にわたって、海外からの直接投資の誘致に取り組んできた。1980年以降、インディアナ州における海外直接投資の誘致政策は、州議会における党派政治の攻防のなかで、どのように展開されてきたのであろうか。また、地域経済開発において進化するグローバリズムに対応して、インディアナ州政府、州内の各地方自治体、そして、第三セクターは、海外直接投資プロジェクトをどのようにしてインディアナ州へ誘致してきたのであろうか。本研究では、こうしたそれぞれのテーマについても究明する。

インディアナ州では、海外直接投資の誘致において、地域と地域、そして、自治体と自治体が、相互に厳しい競合関係にある。このことは、他州に比較して、きわめて顕著である。また、インディアナ州は、海外直接投資の誘致において、アメリカ中西部諸州あるいは他の49州との間でも、厳しい競争を繰り広げている。そうした競合関係のなかで、インディアンナ州が、いかに海外直接投資の誘致政策を展開してきたのであろうか。本研究では、これらの競合関係について論述する。

海外直接投資プロジェクトの誘致を推進するために、インディアナ州政府ならびに州内の各地方自治体は、どのような政策を推進してきたのであろうか。また、インディアナ州政府は、進出企業の要望内容を研究した上で、どのようにして魅力的なインセンティブを構築してきたのであろうか。本研究ではこの点について論究する。

さらに、アメリカ中西部へ工場進出する日系企業は、インディアナ州政府に対して、どのような要望を突きつけてきたのであろうか。彼らの思考パターンとは、どのようなものであろうか。太平洋を越えてアメリカへ進出する彼らの新たな挑戦とは、いったいどのよう

なものであろうか。これらのテーマに関する研究は、海外直接投資の誘致政策に関する疑問に直接的に解答を附与するものであり、本論文の中核をなすものである。

　本研究は、筆者が長期間にわたって蓄積してきたインディアナ州に関するデータが基礎になっており、また、本研究においては、机上の論理よりも現実的な視座から観察した論究が中心となっている。筆者は、この数年間にわたって、毎年、数回にわたって現地インディアナ州を訪問し、本研究のために資料の収集を進めてきた。また、筆者は、インディアナ州政府の近年の歴代知事ならびに副知事などの要人をはじめ、地方各都市の市長やカウンティー・マネジャー、各カウンティーの地域経済開発公社ならびにその他の第三セクターの代表、さらには実務レベルの弁護士や公認会計士や建設ゼネラル・コントラクターのエンジニアなどのほか、多数の経済開発専門家に直接インタビューを重ねてきた。これら多くのインタビューの内容は、本研究の主要な構成要素である。

　さらに、潜在的な海外進出企業によるフィージビリティー・スタディーのプロセスを通じて蓄積してきた多数の資料は、本研究において大いに役立つであろう。潜在的な海外進出企業によって展開されるフィージビリティー・スタディーにおいて、いつ、どこで、何を、どのように展開していくかという時系列的な方法論は、本研究において極めて興味深い内容を提供するものとなろう。また、海外進出企業のフィージビリティー・スタディーは、工場進出の目的や形態によって、その方法がそれぞれ異なる。これらのパターンもまた本研究の重要な一部を形成するものである。

　インディアナ州は、海外からの直接投資の誘致において、インディ

アナ州を直接取り巻くミシガン州、イリノイ州、ケンタッキー州、そして、オハイオ州の四つの周辺各州をはじめ、アメリカ中西部諸州との激しい競合関係にある。つまり、インディアナ州政府本部ならびにインディアナ州政府の海外ネットワーク・オフィスは、ともにこれら各州との間において、海外直接投資の誘致を巡って、常に激しい競合関係にある。現実に海外直接投資の誘致は、このように国家と国家、地域と地域、自治体と自治体の相互間における熾烈な競争によって促進されているのである。こうした現実的な海外直接投資の誘致プロセスが、本研究の主流をなしている。

なお、本研究の第1章に関しては、すべて既存の著作に依拠するものである。第2章以降の各章に関しては、これらの著作とともに筆者自身が長期にわたって実際に現地インディアナ州で収集してきた資料に基づいて論究している。

従前の海外直接投資に関する研究成果は、単なる海外直接投資の実績に関する分析および論述に過ぎないものであることを指摘しておきたい。また、次に本研究の内容が、従来の研究と大きく異なる点を指摘しておきたい。第一に、本研究は、直接投資を誘致する側と海外へ直接投資する側の両者の論理を同時に追究し、いかに効率的に海外直接投資の誘致政策を展開し、いかにそれを成功へ導くかという現実的な視座から分析し、理論的に究明しようとするものである。第二に、本研究は、インディアナ州政府ならびに州内の各地方自治体をはじめ、各カウンティー(County)などの第三セクターが、直接投資の誘致という目的のために、実際にどのようにしてインフラストラクチャーを整備し、インセンティブを構築して、いかに効率的な直接投資の誘致政策を展開しているかという「政策研究」に焦

点を当てるものである。

　1980年代以降のインディアナ州議会における政治は、共和党政治と民主党政治を交互に繰り返しながら、直接投資の誘致政策を巡って幾多の攻防を展開してきた。選挙による政権引き継ぎ期間におけるスポイル・システムのプロセスは、良くも悪くもそのたびごとに政治的空白を招いてきた。スポイル・システムの長所と短所とは、どのようなものであろうか。政権の移譲というプロセスにおけるアメリカ政治特有のスポイル・システムと海外直接投資の誘致プロセスについて論究する。

　地域経済開発におけるグローバリズムの進化は、時代の経過とともにますます加速度を増している。各地域は、州政府や地方自治体のコントロールの範囲を超えて、急速に突き進んでいるかのように見える。海外直接投資の誘致を成功へ導くには、総合的かつ包括的な誘致政策の構築が必要である。同時に、州政府、地方自治体、そして、第三セクターの協働態勢が必須といえよう。本研究は、こうした3者間の協働態勢に関して深層を論究する。

　以上に述べたように、本研究は、海外直接投資の誘致政策を推進する側と海外へ直接投資する側の両者の論理を同時に究明し、いかに効率的に直接投資の誘致政策を展開し、いかに直接投資の誘致を成功へ導くかという、いわば実験的な試みを理論的に分析し、批判的に論究するものである。こうした研究は、海外直接投資の誘致をいかに成功へ導くかという疑問に対して、直接的な解答を附与するものとなろう。したがって、このような研究の成果は、世界中の国家、地域、さらには第三セクターが、ともに渇望するものであり、それだけに本研究に取り組む意義は大きいと考える。

本研究の第1章では、インディアナ州の創成期以降の政治、経済、そして、社会における歴史的背景について考察し、インディアナ州民がなぜ保守化していったかという背景を論究する。この章は、決してインディアナ州の全体的歴史を時系列的に概観するものではなく、インディアナ州民の保守化の背景を究明しようとするものである。したがって、創成期から1851年のインディアナ州憲法改正までを概観する。

続く第2章では、日本企業による対米投資がもっとも集中した1980年以降のインディアナ州の党派政治における海外直接投資の誘致政策について論究する。1980年以降の四半世紀のうちに、インディアナ州の政権担当政党は、共和党体制から民主党体制へ移行し、さらに共和党体制へと回帰した。まず、共和党体制が海外直接投資の誘致政策に先鞭をつけ、民主党体制が対日直接投資誘致使節団の派遣に先鞭をつけた。そして、民主党体制が対日直接投資誘致使節団を恒例化し、共和党体制が約90名からなるインディアナ州の歴史上最大規模の対日直接投資誘致使節団を派遣した。いずれの政権担当政党もインディアナ州の経済発展のために努力し、海外直接投資の誘致政策を主要な経済政策の一つとしてきた。本研究では、海外直接投資の誘致政策に関して、各政権担当政党の間における微妙な競争意識が存在し、そのことが海外直接投資の誘致に拍車をかける結果となったことを究明する。

第3章では、インディアナ州の地域経済開発における州政府、地方自治体、そして、第三セクターの協働態勢について論究する。インディアナ州政府は、各地方自治体ならびに各地域経済開発公社など第三セクターと協働して、各カウンティーに複数の工業団地を開発してきた。本研究では、海外直接投資の誘致を成功へ導くための

もっとも効率的な要因は、潜在的な海外直接投資企業に対して、インフラストラクチャーを完備した工業団地と魅力的なインセンティブを提示することである点を指摘している。

　第4章では、海外直接投資の進出プロセスとそれに対するインディアナ州の対応に関して論及している。潜在的な海外からの投資企業がインディアナ州へ進出しようとする場合、州政府に対してさまざまな情報提供を求めてくる。それらの要望事項のなかには、進出先を選定するための工業団地、既存の空きビル、スペックビル、進出場所へのアクセス、ゾーニング、トポグラフィー・マップ(Topography map)、土壌検査報告書、インフラストラクチャーの整備状況、ユーティリティー・コスト(Utility Cost)、海外直接投資に対する現地の歓迎度合いなどのほか、課税制度、環境基準、労働力、インセンティブ、衣・食・住、文化・教育、余暇・健康などに関する調査項目が含まれる。本研究では、インディアナ州政府が、これらのすべての要望事項に対して、十分に対応きるだけの準備を整えた上で、海外直接投資の誘致政策を推進していることに論及する。

　また、第5章では、太平洋を越えてアメリカへ工場進出した日系の直接投資企業が、文化、言語、民族、ビジネス環境、生活環境などすべてが異なる環境のかなで、どのような問題に挑戦しているかについて論究する。また、日系の直接投資企業の思考パターンならびに日本式経営について論述する。

　最後の「まとめ」では、海外直接投資誘致政策を推進する上で、今後の課題として提起される可能性のある諸問題を挙げている。ここでは、「労働力」「多文化主義」「海外直接投資の形態」、そして、「海外直接投資誘致の限界」について論述する。

【注】

(1) Alexis de Tocqueville: *Democracy in America*. 井伊玄太郎訳『アメリカの民主政治(上)』(講談社、1998年、p.279)
(2) Edward M. Graham and Paul R. Krugman: *Foreign Direct Investment in the United States–Third Edition*, Institute for International Economics, Washington, D.C., 1995, p.xi.
(3) *Ibid.*, p.1.
(4) Duke Energy: http://www.locationindiana.com/images/Maps/Foreign Mapfront2003.pdf

目 次／海外直接投資の誘致政策

はじめに　　海外直接投資の研究に当たって……………………iii

第1章　州政府の財政破綻と保守化……………………3

第1節　財政破綻へのプロセス　　4
第1項　1816年連邦加盟へ　4
第2項　運河開発の重要性　7
第3項　1836年大規模地域開発法の失敗　10

第2節　保守化への傾斜　14
第1項　1837年経済大恐慌　14
第2項　1839年州財政破綻　16
第3項　1851年州憲法で赤字財政を禁止　19
第4項　フージアーの保守性　23

第2章　海外直接投資が集中した1980年代以降の党派政治 … 31

第1節　ロバート・オア＝ジョン・マッツ共和党体制(1981-1988)　32
第1項　景気停滞　32
第2項　海外直接投資の誘致へ先鞭　35
第3項　10億ドルの黒字財政　37

第2節　エヴァン・バイ＝フランク・オバノン民主党体制(1989-1996)　41
第1項　ネガティブ選挙キャンペーン　41
第2項　初期の対日直接投資誘致使節団　44
第3項　史上最高の財政黒字　46

第3節　フランク・オバノン＝ジョセフ・カーナン民主党体制(1997-2003)　47
第1項　1989年以降増税なし　47
第2項　対日直接投資誘致使節団の慣例化　50
第3項　9・11同時多発テロの弊害　53
第4項　州財政の赤字転落　55
第5項　州知事選挙に出遅れた民主党　57
第6項　オバノン知事の急逝　59

第4節　ジョセフ・カーナン＝キャシー・デイビス民主党体制(2003-2004)　60
- 第1項　暫定政権　60
- 第2項　2004年州知事選挙　62
- 第3項　財政赤字　64

第5節　ミッチェル・ダニエルズ＝ベッキー・スキルマン共和党体制(2005〜)　66
- 第1項　中央集権化　66
- 第2項　制度改革の推進　69
- 第3項　スポイル・システム　75
- 第4項　大規模な対日直接投資誘致使節団　79
- 第5項　日本市場の重視政策　82
- 第6項　政治的パフォーマンス　85

第3章　州政府と地域の協働　91

第1節　州政府のリーダーシップ　92
- 第1項　基幹産業と将来像　92
- 第2項　工業団地のインフラストラクチャー　95
- 第3項　インセンティブの構築　99

第2節　地方自治体の胎動　101
- 第1項　基礎自治体「カウンティー」　101
- 第2項　工業団地の開発　104
- 第3項　地域経済開発公社の機能　107

第3節　第三セクターの地域貢献　109
- 第1項　インディアナ経済開発協会　109
- 第2項　インディー・パートナーシップ　111
- 第3項　IvyTechコミュニティー・カレッジ　114

第4節　企業市民による社会貢献　116
- 第1項　エネルギー供給会社　116
- 第2項　法律事務所　119
- 第3項　建設ゼネラル・コントラクター　121

第4章　海外直接投資の進出プロセス　125

第1節　進出場所の選定　125
- 第1項　工業団地・空きビル・スペックビル　125

第2項　進出場所へのアクセス　　　　　　　　128
　　　第3項　ゾーニング　　　　　　　　　　　　　130
　　　第4項　トポグラフィー・マップ　　　　　　　132
　　　第5項　土壌検査報告書　　　　　　　　　　　133
　　　第6項　インフラストラクチャー　　　　　　　135
　　　第7項　ユーティリティー・コスト　　　　　　137
　　　第8項　海外直接投資に対する地域の歓迎　　　138
　　　第9項　現地調査　　　　　　　　　　　　　　140
　　第2節　制度的課題への取組み　　　　　　　　　　　　　　142
　　　第1項　課税制度　　　　　　　　　　　　　　142
　　　第2項　環境基準　　　　　　　　　　　　　　143
　　　第3項　労働力　　　　　　　　　　　　　　　145
　　　第4項　インセンティブ　　　　　　　　　　　148

第5章　日系進出企業の行動様式 ……………………………… 153

　　第1節　日系進出企業の思考パターン　　　　　　　　　　　153
　　　第1項　初期投資　　　　　　　　　　　　　　153
　　　第2項　平均的失業率　　　　　　　　　　　　155
　　　第3項　労働組合　　　　　　　　　　　　　　157
　　第2節　日本式経営　　　　　　　　　　　　　　　　　　　160
　　　第1項　現地企業経営者　　　　　　　　　　　160
　　　第2項　日本式経営システム　　　　　　　　　161
　　　第3項　企業市民への脱皮　　　　　　　　　　164
　　第3節　日系海外進出企業の葛藤　　　　　　　　　　　　　165
　　　第1項　文化的差異　　　　　　　　　　　　　165
　　　第2項　企業の社会的責任　　　　　　　　　　168
　　　第3項　地域社会への貢献　　　　　　　　　　172

まとめ ……………………………………………………………… 175

　　　第1項　労働力の軋轢　　　　　　　　　　　　176
　　　第2項　多文化主義への対応　　　　　　　　　178
　　　第3項　海外直接投資の形態　　　　　　　　　180
　　　第4項　海外直接投資誘致の限界　　　　　　　181

おわりに ……………………………………………………………… 185

資　料　　　　　　　　　　　　　　　　　　　　　　　　187

■参考文献　　　　　　　　　　　　　　　　　　　　　 193
　□英語文献　　　　　　　　　　　　　　193
　□日本語文献　　　　　　　　　　　　　195
　□INTERNET SITES　　　　　　　　　　197

海外直接投資の誘致政策

インディアナ州の地域経済開発

第1章　　州政府の財政破綻と保守化

　フージアー（Hoosier＝インディアナ州民）の最大の特徴は、その保守性にあるといわれている。インディアナ州の政治、経済、そして、社会のどれ一つをとってみても、その保守性から切り離して考えることはできないほど保守的な性格が強烈である。インディアナ州の保守性は、いったい何に起因するものであろうか。そのことを究明するためには、まずインディアナ州の歴史的背景を概観する必要があろう。インディアナ州は、1816年12月11日の連邦加盟直後から、たびたび経済的不況に見舞われ、州民は苦境に耐えなければならなかった。インディアナ州の創成期以降の政治、経済、そして、社会は、どのような状況におかれてきたのであろうか。インディアナ州は、どのような経過を辿ってきたのであろうか。今日のインディアナ州民の保守性は、どこに由来するものであろうか。そして、なぜインディアナ州民が保守化していったのであろうか。「はじめに」で述べたように、本章は、決してインディアナ州の全体的歴史を時系列的に概観するものではなく、あくまでもインディアナ州の保守化の原因を究明しようとするものであり、創成期から1851年のインディアナ州憲法修正までを概観する。

第1節　財政破綻へのプロセス

第1項　1816年連邦加盟へ

　今日の「インディアナ」という地名が最初に出現したのは、1787年ノースウェスト法(The Northwest Ordinance of 1787)の制定によって、アメリカ中西部地域の一部が、1800年5月7日、インディアナ準州として位置づけられたことに遡る。インディアナの名称は、「インディアンの土地」という意味からもたらされたものである。1800年にフェデラリストのうちの大多数は、連邦議会において、本来のインディアナ準州を二分して、西側部分に新たにインディアナ準州を創設し、小さい面積ながら人口の多い東側部分をノースウェスト準州(Northwest Territory)(後に「オールド・ノースウェスト」と呼ばれる)として、そのまま残すことを決議した。当時のジョン・アダムス(John Adams)第2代アメリカ大統領は、1800年5月、ウィリアム・ヘンリー・ハリソン(William Henry Harrison)をインディアナ準州の総督に任命した。ハリソンは、1800年5月13日から1812年12月28日まで、インディアナ準州の総督を勤め、現在のインディアナ州南西部のヴィンセンス(Vincennes)にその首都を設置して、平和と調和の政府機関を創設した。ヴィンセンスは、アメリカが1804年10月1日のルイジアナ購入(Louisiana Purchase)以降9カ月にわたって、インディアナ準州とともに北部ルイジアナ準州(Louisiana Territory)の統治の拠点となった[1]。

　インディアナ準州の東隣、ノースウェスト準州は、その後、1803年3月1日にいたって、ノースウェスト準州からアメリカ連邦第17番目のオハイオ州として連邦加盟を果たした。これによって、オハイオ州民は、バージニア州民やマサチューセッツ州民と同様に、その権利を享受できるようになった[2]。

ハリソン総督とインディアンたちとの関係については、ハリソン総督が新たな入植者を受け入れるための入植地の開放に向けて、9年間にわたってイ0ンディアンとの協約策定において成功を収めた⁽³⁾。当時、入植のための土地価格については、1804年3月26日、1804年土地法（The Land Act of 1804）によると、1エーカー当たり1ドル64セントと規定されていた⁽⁴⁾。また、ハリソン総督は、1811年にインディアンのテンスクワタワ（Tenskwatawa）（「アメリカの預言者」の意）と彼の弟テカムシー（Tecumseh）との抵抗に遭遇した際、兵を率いてティピカヌーに赴いて激しい攻撃を加え、いわゆる血塗られた勝利へと導いた⁽⁵⁾。これは、あとに「ティピカヌーの戦い」（Battle of Tippecanoe）として、アメリカの歴史の1ページを飾るものとなった。

　当時のインディアナ準州における奴隷制度について、アメリカ連邦憲法は、1787年の批准によって、奴隷制度を禁止することはなかったが、同1787年ノースウェスト法の第6条は、ノースウェスト準州における奴隷制度を厳しく禁じるものであった。1810年の国勢調査によると、インディアナ準州には237名の黒人奴隷が存在していた。当時の世相は、奴隷制度反対への機運が急速に高まりつつあり、とくに、インディアナ準州の南東部地域においてその傾向が強まっていた。1807年の後半から、ハリソン総督に対する政治的な反対派の勢いも強まっていた。そして、翌1808年までにジョナサン・ジェニングス（Jonathan Jennings: 1816―1822年 第1代インディアナ州知事）に率いられる反対派によって、すでに州議会そのものが牛耳られるようになっていた⁽⁶⁾。

　インディアナ州の西隣に隣接するイリノイ準州については、1809年にインディアナ準州から分離された。イリノイ準州の初代の総督には、ケンタッキー人のニニアン・エドワーズ（Ninian Edwards）が任

命された。ニニアン・エドワーズが総督に任命された理由は、彼が過去に党派政治にあまり関与しない中立的な立場を採っていたためであった。彼はハリソン総督と同様に、堂々とした手法を取り入れようと試みていた。ハリソン総督はあらゆる人々と友好的にうまく振舞うことができたので、エドワーズもそれを模倣しようとしていたのである[7]。

1812年に入ると、いわゆる1812年戦争(The War of 1812)が勃発した。1812年戦争とは、1812年の6月18日、アメリカ軍が、イギリス軍とインディアンとの同盟軍に対して戦線布告したものであった。1812年戦争は、結局、1812年から1815年までの3年間続いた[8]。ハリソン総督は、兵を率いて北西部の前線に赴いたが、1812年12月28日、インディアナ準州の総督を辞任し、これに替わってジョン・ギブソン(John Gibson)が新たな総督となった。ハリソンは翌1813年1月に、アメリカ連邦陸軍の指揮官として再び西部へ赴いた[9]。インディアナ準州においては、1813年5月1日、インディアナ州南部のコリドン(Corydon)が同テリトリーの新たな首都となった[10]。

インディアナ準州は、1812年戦争が終結した翌1816年に州として連邦に加盟した。1816年のインディアナ州憲法は、強力な反奴隷制度を唱えたものであった。21歳以上のすべての白人男性に対して、独立に関する投票が呼びかけられた。州知事は、当時3年の任期で選ばれていた。インディアナ州憲法は、オハイオ州憲法よりはるかに反奴隷制度のニュアンスの強いものとなった。また、州内のすべての大学を通じて、すべてのレベルの教育が無料でおこなわれることもインディアナ州の独立宣言のなかで謳われた[11]。自由州として連邦加盟を果たしたインディアナ州といえども、当時、女性への参政権さえ与えられなかった。やはり、男女間の権利の格差につい

ては、大きな開きがあった。

　1816年4月19日、ジェームス・H.マディソン(James H. Madison)第4代アメリカ大統領は、連邦議会でインディアナ州憲法の構成とともに、インディアナ州政府を承認する法案を承認した。1816年6月10日、インディアナ州憲法制定会議がコリドンで開催され、同6月29日、州憲法制定の作業をようやく終えた。それを受けて、マディソン大統領は、1816年12月11日、正式にインディアナをアメリカ連邦第19番目の州として承認したのである[12]。

第2項　運河開発の重要性

　1800年代初頭の全体的なインディアナ準州は、まったく未開発な状況であった。1820年4月24日施行の公共土地法(Public Land Act)によると、新たな入植者たちにとって公共の土地を購入しやすくするため、信用買いを廃止して、1エーカー当たりの土地価格は2ドルから1ドル25セントに引き下げられた。さらに、最低購入面積も160エーカーから80エーカーに引き下げられた[13]。このことによって、入植者たちは、100ドルで80エーカーの土地を容易に入手できるようになったのである。

　インディアナ州議会は、1820年、当時の州都コリドンが州都として地理的に極めて不便な位置にあることを認めていて、特別委員会を設けて、どこか北部の入植者がまだ入り込んでいない場所を捜し求めることになった。同委員会は、ホワイト・リヴァー(White River)とフォール・クリーク(Fall Creek)の合流点を新たな州都の場所に選んだ。そこにはまだ土地の名前が付いていなかった。同委員会の代表マーストン・G.クラーク(Marston G. Clark)が、その土地の名前としてテカムシーの名前をあげたが、賛成する者は誰ひと

りいなかった。そこで、ジェファーソン・カウンティー(Jefferson County)のジェレミア・サリヴァン(Jeremiah Sullivan)が、インディアナポリス(Indianapolis)の名前を挙げた。一つの土地の命名論争に疲れきっていた委員たちは、この名前を嘲り笑っていたが、結局、1821年1月の州議会でそれを受け入れることを議決し、インディアナポリスと命名された。そして、インディアナ州の独立後9年を経過して、1825年1月、インディアナ州の州都がコリドンからインディアナポリスに遷された[14]。

当時のインディアナポリスは鬱蒼とした森林であった。周辺には木の切り株がそのまま残っていて、小路はどこまでも曲がりくねり、馬車が通れるほどの立派な道路は1本も存在しなかった。当時の周辺の住居の建築形態といえば、わずか一部屋だけの丸太小屋づくりが普通という状況であった[15]。

インディアナ州南東部のホワイト・ウォーター・ヴァレー(White Water Valley)と呼ばれる渓谷の農民たちにとって、当時、オハイオ州南西部の街シンシナチ(Cincinnati)が主要な農産物のマーケットであった。しかし、そこからシンシナチまで行くには、貧弱な道路を馬車で4時間も費やさなければならなかった。農産物の運搬には、あまりにも時間がかかり過ぎて、人手もかかり過ぎた上、さらに、経費も大幅に嵩んだ。家畜や豚の群れは、家畜商人たちによって追い立てながら移動しなければならなかったため、途中で家畜がやせ細り、多数の家畜が泥沼に転げ落ちて死んでしまった。生き残った家畜の価値も大幅に値下がりした。ホワイト・ウォーター・ヴァレーの農産物を運搬するのに必要なものは、素晴らしいハイウェイであった[16]。

そのようなとき(1822年)、インディアナ州フランクリン・カ

ウンティー（Franklin County）の中央部に位置するブルックヴィル（Brookville）の弁護士で、当時、インディアナ州上院議員ジェームス・ブラウン・レイ（James Brown Ray）から一つの運河開発の提案が持ち上がった。レイは、その後、1825年から1831年まで第4代インディアナ州知事を勤めるようになる人物であった[17]。彼の運河開発の提案は、ブルックヴィルからオハイオ州、つまり、インディアナ州ディアボーン・カウンティー（Dearborn County）中央部のオハイオ・リヴァー（Ohio River）に面するローレンスバーグ（Lawrenceburg）またはその近辺まで、ホワイト・ウォーター・リヴァー沿いに運河を開発するという計画であった。そして、総工費は10万ドルを必要とするものであった。彼は州議会が3パーセントの基金から5万ドルを割り当て、残りを州の宝くじ販売で賄う方法を提案した。しかしながら、この提案は現実的な数値を反映していなかったため、とうてい実現にはいたらなかった[18]。運河による農産物の運搬を理想としていたフージアーは、このような夢を長年にわたって見続けていたのであった。

　当時、アメリカ連邦政府は、インディアナ州における運河の開発に多大な関心を払っていた。その翌年の1826年7月4日は、期せずしてトーマス・ジェファーソン（Thomas Jefferson 83歳）とジョン・アダムス（91歳）がともに亡くなった悲しい日であった。この年、アメリカ上院議会による決定は、いくつかのインディアナ州における運河ルートの実現性を見極めるために測量調査をおこなうというものであった。そのルートは、次のようなものであった。

　①セント・メリーズ・リヴァー（St. Mary's River）からワバッシュ（Wabash）までのルート、②ミシガン湖（Lake Michigan）からワバッシュ・リヴァー（Wabash River）までのセント・ジョセフ（St. Joseph）、

カンカキー(Kankakee)、イエロー(Yellow)、ティピカヌー・リヴァーズ(Tippecanoe Rivers)経由ルート、③ワバッシュからホワイト・リヴァーまでのミシシネワ(Mississinewa)、ワイルド・キャット(Wild Cat)経由ルート、④ワバッシュからオハイオ州までのホワイト・ウォーター・ヴァレー(White Water Valley)経由ルート、そして、⑤インディアナ州側のオハイオ・フォールズ(Ohio Falls)周辺ルートであった[19]。このように、アメリカ連邦政府が、独立して間もない中西部のインディアナ州における交通網に関して、大きな関心を持って臨んでいたことは確かであった。

第3項　1836年大規模地域開発法の失敗

1836年、インディアナ州議会は、1836年大規模地域開発法案(The Mammoth Internal Improvements Act of 1836)を通過させた。この法案の内容は、運河、水門、水道橋、そして、ダムによるインディアナ州の灌漑システムを一挙に開発しようとするものであり、主要な河川システムを船が航行できるようにし、ミシガン湖およびエリー湖(Lake Erie)へと繋がる大規模な運河開発法案であった。1835-1836年当時のインディアナ州議会は、ホイッグ(Whig)党が大きく台頭していた。議会上院においては、ホイッグ党員18名、民主党員13名の合計31名であった。また、議会下院においては、ホイッグ党員44名、民主党員33名で、合計77名という構成であった。ノア・ノーブル(Noah Noble)第5代インディアナ州知事は、州財政の破綻と崩壊に対する懸念を取り除くことと同時に、大規模地域開発の目的のために、少なくとも1,000万ドルの借入れをおこなうことが必要であることを強調していた[20]。

1836年1月、ロバート・エヴァンス(Robert Evans)下院議員が、大

規模地域開発に関する一般制度法案を上程した際、州議会はその朗読を認めることを一時保留した。大方の下院議員は好意的な意見であったにも拘わらず、本計画から外れた多数のカウンティーからの反対意見が、急速に拡大したためであった。その後、前年の混乱の繰り返しのようにも思える騒々しい議論が5日間も続いた。例えば、オハイオ・リヴァー(Ohio River)に面したあらゆる街々が、インディアナポリスからの鉄道のターミナルになれるように要望したのであった。しかしながら、すべてのバラエティーに富んだ修正案は、ことごとく廃案となったのである[21]。

大規模地域開発法案に関する議論がクライマックスに達したとき、聴衆はいっせいに上院と下院の傍聴席になだれ込み、フロアに殺到し、通路は婦人たちの集団であふれ、1月の寒風のなかで厚手の冬用のウールのコートに身を包んだ興奮した群集を冷やすため、窓は大きく開け放たれた。そして、大規模地域開発法案は、下院議会を賛成56票(うちホイッグ党38票、民主党18名)、反対18票(うちホイッグ党4票、民主党14票)で難なく議会を通過した。上院議会での票差はさらに小さいもので、賛成19票(うちホイッグ党13票、民主党6票)、反対12票(うちホイッグ党5票、民主党7票)であった。このように、約半数の民主党員が、同法案を支持していた。この投票結果は、極めて超党派的な行動の色合いを濃くしたものであった。ノーブル知事は、1836年1月27日、同決議案に署名して、即日、施行された。この大規模地域開発法は、次の八つの改革プロジェクトを包括するものであった[22]。

1. ホワイト・ウォーター運河：既定のとおり、ホワイト・ウォーター運河およびセントラル運河の間、運河または鉄道の間の連

結、国道に近い地点からマディソン（Madison）あるいはデラウェア・カウンティー（Delaware County）への連結。予算：140万ドル。

2. セントラル運河：フォートウェイン（Fort Wayne）およびローガンスポート（Logansport）、マンシータウン（Mumcietown）経由インディアナポリス間のワバッシュ・リヴァーからホワイト・リヴァーを経由してエヴァンズヴィル（Evansville）までの連結。予算：350万ドル。

3. ティピカヌー・リヴァーからテラホート（Terre Haute）までのワバッシュ・アンド・エリー（Wabash and Erie）運河の延長、イーグル・リヴァー（Eagle River）からセントラル運河までの延長。予算：140万ドル。

4. マディソンからコロンバス（Columbus）およびインディアナポリス経由ラフィエット（Lafayette）までの鉄道建設。予算：130万ドル。

5. ニューアルバニー（New Albany）からグリーンズヴィル（Greensville）、パオリ（Paoli）、マウント・プリーザント（Mt. Pleasant）、ワシントン（Washington）までの「マカダム式舗装道路」（Macadamized Road）[23]の建設。予算：115万ドル。

6. ジェファーソンヴィル（Jeffersonville）およびニューアルバニー、セイラム（Salem）、ベドフォード（Bedford）、ブルーミントン（Bloomington）、グリーンキャッスル（Greencastle）経由クロフォーズヴィル（Crawfordsville）間のルートの再測量。鉄道またはマカダム式舗装道路の実現可能性の決定。予算：130万ドル。

7. ワバッシュ・リヴァーにおける航行のための障害物の除去。予算：5万ドル。

8. フォートウェイン近くのワバッシュ・アンド・エリー運河からゴーシェン（Goshen）、サウスベンド（South Bend）、ラポルテ

(Laporte)経由ミシガン・シティー(Michigan City)までの運河または鉄道建設のための測量。10年以内の建設開始のための作業。予算：ゼロ。必要なら予算設定を約束[24]。

　この法案は、基金委員会に対して、向こう25年間にわたって5パーセントの年間利息を支払う条件で1000万ドルの借入れを起こすことを承認し、すべての運河、鉄道、舗装道路資産、使用料、通行料その他利益の確保を約束するものであった。さらに、この法案は、ワバッシュ・アンド・エリー運河が以上八つのプロジェクトとは別勘定となり、州境ラインからティピカヌー・リヴァー間の運河の完成まで別途に50万ドルの借入れを承認するというものであった。このシステムは、州知事によって任命され、かつ、上院の同意による6名の大規模開発委員会ならびに同委員会の監視を受ける運河委員会との協力によって実行に移されることになった。運河委員のメンバーは、すべてのラインの建設を同時進行する形で即刻進行することになった[25]。

　この時点におけるインディアナ州の交通網は、まったく未開発の状態であり、人々はさながら道なき道を徒歩で往来しなければならない厳しい道路環境であった。1821年1月、インディアナポリスが州都として命名されたころ、その周辺は鬱蒼とした森林であった。インディアナの中央部は、それほど未開の状態であった。そのような環境条件のもとで、重量な農産物の運搬は、河川に浮かべた船による輸送がもっとも容易な手段であった。このため、インディアナ州は、当時、農業経済のための運河開発の必要性に迫られていた。そのためには、まず、十分な資金の手当てが必要であった。しかしながら、苦しい州財政のなかで資金の当てなどあろう筈がなかっ

た$^{(26)}$。

　1836年1月27日、ノーブル知事によって署名され、即日発効したこの大規模地域開発法が、やがてその後のわずか数年のうちに、インディアナ州政府の財政を破綻へ向かわせ、断末魔の事態にいたらしめる大きな失政の始まりであろうとは、その時点で、誰も気づく者はいなかった。たとえ一人の議員でもそれに気づくものがいたら、インディアナ州にとって不名誉な州政府財政の破綻にはいたらなかったかも知れない。当時は、インディアナ州の連邦加盟からまだ間がなく、手探りながら、前進のみがフージアーの脳裏をかすめていたのであろうと考えられる。

第2節　保守化への傾斜

第1項　1837年経済大恐慌

　1837年経済大恐慌(The Panic of 1837)と呼ばれた経済恐慌は、1837年3月から同5月にかけてアメリカ全土を襲い始め、同年5月10日には、ニューヨーク銀行がモラトリアムに陥ったのをはじめ、他の銀行も相次いでモラトリアムに陥った。この年、アメリカ全体では、618の銀行が支払いを停止せざるを得なかった。その後、1839年から1843年にかけて、さらなる経済不況がアメリカを襲った。1830年代を通じて、インディアナ州の大規模地域開発計画によるプロジェクトのうち、完成されたものは何一つ存在しなかった。インディアナ州において、1836年大規模地域開発法による地域開発計画を実行に移すため、年利5パーセントで1,000万ドルを借入れた場合の年間利息は50万ドルに達する。この数値は、当時インディアナ州の年間税収の約10倍に相当する厖大な金額であった。公共事業から多額の

利益が得られるという期待は大きく裏切られ、公共事業そのものが大きな負担となって、何ら稼ぎ出せるものは存在しなかったのである。ノーブル知事は、大規模地域開発委員会の委員を希望するおよそ20名の候補者たちのなかから、デイヴィッド・H.マクセル（David H. Maxwell）（モンロー・カウンティー＝ Monroe County）、トーマス・H.ブレイク（Thomas H. Blake）（ヴィゴ・カウンティー＝ Vigo County）、サミュエル・ホール（Samuel Hall）（ギブソン・カウンティー＝ Gibson County）、ジョン・G. クレンデニン（John G. Clendenin）（オレンジ・カウンティー＝ Orange County）、ジョン・ウッドバーン（John Woodburn）（ジェファーソン・カウンティー）、そして、エリシャ・ロング（Elisha Long）（ウェイン・カウンティー＝ Wayne County）の6名をそれぞれ任命した。そのうち、判事のサミュエル・ホールは、わずか数カ月のうちに辞任してしまい、彼の代わりにエヴァンズヴィルのエイモス・クラーク（Amos Clark）が取って替わった[27]。

　1836年大規模地域開発法のための資金調達は、非常に困難を極めていた。ある時、フージアー 3名の基金委員会メンバーが、ニューヨークに資金調達に出かけていった。彼らは、三種類の債権発行を目論んでいた。つまり、ワバッシュ・アンド・エリー運河ボンド、インディアナ州銀行ボンド、そして、大規模地域開発ボンドであった。しかしながら、それらの債権の引き受け手は、まったく見つからなかったのである。バイヤーたちの無関心さは、経済大恐慌の前兆でもあった[28]。1837年の経済大恐慌が、現実にアメリカ全土を襲った。その厳しい経済不況は、翌1838年にも及び、アメリカ経済はいっそう疲弊の度合いを深めていった[29]。

第2項　1839年州財政破綻

インディアナ州政府の財政事情は、多額の負債に喘いでいた。1839年にインディアナ州の公的な負債総額は、ワバッシュ・アンド・エリー運河開発のために172万7,000ドル、地域開発のために593万2,000ドル、州銀行に189万ドル、その他少額の負債を合わせると、総計1,006万4,000ドルに達していた。そして、年間利息だけでも47万9,000ドルに上っていた。さらに、インディアナ州銀行によって支払われるべき差し引き金額は38万3,950ドルに達したのである[30]。

インディアナ州政府は、当時、借入金に対する金利の支払い方法に悩まされていた。まず、1839年1月分の金利支払いをどのように処理すべきか、それは、インディアナ州政府にとって正に解決不可能な難題であった。ロンドンのロスチャイルズ（The Rothchilds）グループは、もし、金利の支払がなければ、インディアナの証券をオークションにかけるべきであると脅迫して問題の解決を迫った。そこで、基金委員会は、次の税収分を返済に充当するという条件で州内の銀行から現金を借入れることとし、州内の銀行の複数の支店から資金をインディアナポリスへ集結させた。そのころ、オハイオ・リヴァーは寒気で凍りついてしまい、そのため、蒸気船は運航されず、ロスチャイルド・グループへの金利支払い分の資金は、そこから凸凹道路を馬車で遥かニューヨークまで運搬しなければならなかった。そのような措置は、当時、インディアナ州の下院議会内においてさえも機密事項であった。このようなことは、再び金利支払いの時期にいたって、まったく通用しない方法であった[31]。インディアナ州の財政破綻は、果たしてどの時点で起きたのであろうか。インディアナ州は、過去の間違った累積赤字が表面化した時点で、すでに破綻が明白であったといえるであろう。

ノーブル知事は、1839年8月18日、予算委員会が資金を調達することができなかったため、州政府から工事契約業者たちに対する支払いを停止しなければならない旨を発表した。これを受けて、大規模地域開発委員会は、ラフィエットから州境にいたるワバッシュ・アンド・エリー運河およびホワイト・ウォーター運河の未着工部分を除く、すべての公共工事を即時中止するよう求めた[32]。フージアーにとって長い苦渋の時代が、ここに端を発したのであった。

　それ以降、およそ3年間にわたって、大規模地域開発計画は、放置されたままの状態であった。インディアナ州は、さらに800万ドルの経費をかけて、ワバッシュ・アンド・エリー運河の90マイルをはじめ、マディソン・アンド・インディアナポリス鉄道の28マイル、ニューアルバニーからパオリまでのマカダム式舗装道路41マイルをようやく完成させることができた。また、部分的に道路に勾配をつけ、運河や鉄道や舗装道路を掘り返した部分の約290マイルは、野草が生え放題で、風雨に侵食され、ただ荒涼とした光景と化していた[33]。

　インディアナ州民は、州政府財政のモラトリアムによって引き起こされた後始末を全面的に引き受けなければならなかった。インディアナ州民は、州政府財政のモラトリアムの後、希望なく身もだえ、不誠実さと道徳の退廃に対する外部からの非難に対して、何ら防衛の手段もなく、ただそれを受け流さなければならなかった。サミュエル・ビッガー（Samuel Bigger）第7代インディアナ州知事は、州民の苦しい立場を意識しながら、何らなすべきすべを知らなかった。1841年から翌1842年のインディアナ州議会において、ビッガー知事は、大規模地域開発計画の進展の過程を説明するとともに、数々の公的債務を列挙した。州政府財務局のそれまでの利息、そして、未

払いの1841年7月の支払い分を合計すると、総額1,508万8,146ドルに達することが判明した。この金額の61万5,000ドルという年利に対して、州政府財務局は、わずか5万6,000ドルを徴収しただけであった。ビッガー知事および州議会ともども何らなすすべが見当たらず、負債の問題は、未解決のまましばらくの間、放置されたままであった[34]。そして、インディアナ州政府の借入れ総額は、どこまでも膨らむばかりであった。1845年11月には、担保付きの借入れ総額が1,109万ドルにまで膨らみ、未払いの利息だけでも405万3,000ドルに達していた[35]。

インディアナ州議会では、翌1846年1月19日、借入れの返済についての協議がおこなわれた。下院で61対33、上院で32対15の票差で可決された法案によると、未払いの借入れは、年利5パーセントの新たな長期の債権によって返済するというものであった。5パーセントの利息のうち、2.5パーセントは税収分を充当し、残りの2.5パーセントは、ワバッシュ・アンド・エリー運河からの収益分を充当するというものであった[36]。

最大の懸案であったワバッシュ・アンド・エリー運河の開発工事は、結局、1853年にいたって、ようやく完成された。1832年に最初に鍬が入れられて以来、実に21年5カ月の歳月をかけて完成されたのであった。468マイルという長距離に及ぶこの運河の完成は、名実ともにアメリカで最長の運河となった。この運河の総工費だけでも237万5,236ドルもの当時としては莫大な金額に達した[37]。

運河の開発は、インディアナ州にとって、大いに利用価値があった。しかしながら、1850年までに、運河の存在を脅かすものとして、鉄道の開発があった。1836年大規模地域開発計画の一つとして、マディソンからインディアナポリスまでの鉄道開発が含まれて

いた。この開発は、結局、私企業に委ねられ、1847年にいたってようやく完成された。さらに、その他にも重要なことは、東西を結ぶ鉄道が運河による輸送に対して、急速なスピードで信頼性と柔軟性をもって挑戦を挑んできたことであった。1850年代の終わりごろまでに、鉄道および蒸気機関車が、馬の牽引によるボートより、はるかに優位であることを証明していた。しかしながら、運河開発の重要性は、南北戦争(1861－1865年)が始まる以前の30年間にわたって、決して否定されるような軽々しいものではなかった[38]。皮肉なことに、1836年大規模地域開発計画によって、運河の開発および鉄道の開発が同時進行の形で進められることになった。このことは、運河の開発を進める工事契約業者たちにとって、鉄道の迅速性および効率性の点からみて、鉄道には到底かなわないことを承知していながら開発しなければならない悔しさが心のどこかに隠されていたと考えられる。それにも拘わらず、インディアナ州は、農産物の輸送のためにあくまでも運河を必要としており、開発工事を進めなければならなかったのである。

第3項　1851年州憲法で赤字財政を禁止

　1850年から翌1851年にかけて、インディアナ州憲法の改正に関する州議会が開催された。まず、この州憲法会議に対して、150名の代議員が選出された。当時の農業州としては驚くべきことではなかったが、代議員のうちの42パーセントが農業経営者で占められており、続いて弁護士が約25パーセント、外科医が12パーセント、そのほか職業的専門家や各種の職業のメンバーで占められていた。代議員の最も重要な特質は、彼らの所属党派に関することであった。強力な民主党の地位に反映されて、三分の二が民主党員で占められ

ており、残りの三分の一がホイッグ党員であった。そして、彼らは最終的な書類を誰が契約して印刷するかといった枝葉末節な、つまらないことで口論が長引き、最初からたびたび派閥の力が見え隠れしていた[39]。

1851年の新しいインディアナ州憲法に関する法案は、奴隷制度と連邦からの脱退の危機が迫っている時期に起草されたものであった。これは、1850年10月7日から翌1851年2月10日までの18週間にわたる会期を通じて議論された結果によるものであった。約4カ月にわたる議論から持ち上がったインディアナ州憲法案は、インディアナ州政府の形態や機能に関して、それほど大きな変化は現れていなかった。しかしながら、代議員たちは、2年に1回の61日間にわたる議会の開催および特権や地域法律制度に対する厳しい規定を議会に迫っていた。そして、新しいインディアナ州憲法案のもっとも重要なポイントは、インディアナ州政府がいっさいの負債を負うことを禁じる旨を明記したことであった。また、一般の学校の設立を強く要望したことでもあった。さらに、外部からの入植者に対しては、非市民(non-citizens)が市民(citizens)となる意思を表明するか、若しくはアメリカに1年以上にわたって居住し、インディアナ州に6カ月以上居住していれば、選挙権を認めることとした。この非市民に対して選挙権を与えるという自由な意思の拡大は、アイルランド系アメリカ人やドイツ系アメリカ人にとって、自分たちの候補者に投票したいとする大多数の民主党員にとって大きな期待でもあった。しかしながら、代議員たちは、婦人や黒人に対して、決して自由な発想の持ち主たちではなかった。婦人や黒人に対しては、選挙権が附与されないままであった。ロバート・デイル・オーウェン(Robert Dale Owen)が率いる、婦人にも財産権を認めようという運動も阻止され

てしまったのである。そして、黒人に対しては、州内に居住してはならないという州憲法第13条による厳しい人種差別が待っていた⁽⁴⁰⁾。この意味において、当時、インディアナ州が表面的には自由州として独立していながら、必ずしも奴隷制度に対する実質的な自由州ではあり得なかったことを指摘できる。

　1836年大規模地域開発法の失政によって、1851年インディアナ州憲法は、大きく生まれ変わった。結果的に政治的および財政的な困難は、永久にインディアナ州に影響を及ぼすこととなった。1851年にフージアーが修正インディアナ州憲法を受け入れたとき、次の事柄を除いて、州のあらゆる負債による契約を禁じたのである。つまり、歳入に対してそれが臨時的な欠損であること、州の負債の利息の支出であること、侵略に対する撃退であること、暴動の抑止であること、若しくは戦争行為による脅威であること、そして、公的防衛のための準備であることであった⁽⁴¹⁾。このようにインディアナ州憲法改正の主たるポイントは、明らかに1839年8月18日のインディアナ州財政の破綻に起因するものであった。

　1836年の大規模地域開発計画による急激な反動は、1851年の新たなインディアナ州憲法の規定に対する直接的な要因となった。それは、今日、負債による州政府財政へびこうとする州政府機関に対して、厳しい制約を加えるものであった。それよりも重要なことは、この急激な反動によって、インディアナの展望がさらに保守化へ向かうことになり、フージアーは危険を冒してまで活発に公的な場へ進出したがらなくなり、「小さな政府」を好むようになったことである⁽⁴²⁾。

　インディアナ州をはじめ、アメリカ各州の性格は、それぞれ異なった性格を持つようになった。トーマス・R.ダイ(Thomas R. Dye)

ならびにデイヴィッド・C.サフェル(David D. Saffell)は、著書『州とコミュニティーにおける政治(Politics in States And Communities)』のなかで、州の政治文化という視点において、次のように指摘している。

「ミシガン州は非常に自由な州であり、イリノイ州、ケンタッキー州、オハイオ州は、ともに穏健な州となっているのに対して、インディアナ州だけは非常に保守的な州である。因みに、全米で非常に自由な性格の州となったところは、マサチューセッツ州をはじめ、ロードアイランド州、コネチカット州、ニューヨーク州、ニュージャージー州、デラウエア州、ミシガン州、そして、カリフォルニア州である。逆に非常に保守的な性格の州となったところは、インディアナ州をはじめ、サウスカロライナ州、ミシシッピ州、ノースダコタ州、オクラホマ州、テキサス州、アイダホ州、ユタ州、そして、アリゾナ州がある。その他の州は、穏健もしくはやや保守的な性格の州である」[43]。

1860年から1900年までの40年間にわたって、アメリカにおける工業投資は、大幅に増加した。それに伴って、工業生産額が数倍に膨らんだ。その結果、アメリカは遂に英国の工業を抜き去り、世界第1位の工業国となった。実際には、アメリカにおける工業は、東部や五大湖南岸を中心とするいわゆる中西部地域において急速に発展した。インディアナ州北部一帯における鉄鋼産業は、当時のアメリカの経済発展に大きく貢献するものであった。

その後、20世紀に入って、アメリカは、度重なる戦争とそれに引き続く戦後処理に追われた。アメリカは、第1次世界大戦(1914年勃発、アメリカの参戦は1917-1918年)をはじめ、第2次世界大戦(1941-1945年)、朝鮮戦争(1950-1953年)、ベトナム戦争(1964-1975年)において、多数の市民を失った。その間に、1929年から始まった経済大恐慌を

はじめ、度重なる経済不況に見舞われ、インディアナ州民は生活苦から、なかなか立ち直ることができなかった。そして、断続的に襲いかかる経済不況によって、州民の保守化にますます拍車がかかっていった。リベラリズムに対抗する保守主義の原点とは、どのようなことであろうか。やはりアメリカ特有のプロテスタントという宗教に依拠する物事の考え方が、その底辺に存在するのではないかと考えられる。インディアナ州には信心深い人々が多く、保守主義に陥る要素を十分に備えていたといえよう。

第4項　フージアーの保守性

　インディアナ州の保守性とは、いったいどのようなものであろうか。一般的にアメリカでは、インディアナ州が非常に保守的であると認識されている。そのことは、アメリカ人の間では公然の事実である。トーマス・R.ダイ(Thomas R. Dye)は、著書『ポリティックス・イン・ステート・アンド・コミュニティーズ(Politics In States And Communities)』のなかで、「選挙人自身の申告によると、もっとも保守的な州は、まずユタ州であり、次いでインディアナ州である。そして、もっとも自由な州は、マサチューセッツ州、ニューヨーク州、そして、ニュージャージー州の順である」[44]と指摘している。また、「インディアナ州は、保守的であると同時に、共和党の伝統がある」[45]とも指摘している。このように、多数のアメリカの政治学者は、インディアナ州を保守的な州として位置づけている。もちろん、フージアーは、自らの保守性を自認し、むしろそのことを誇りにさえ思っているように見受けられる。

　アメリカでは、各州によって、保守的な州、あるいは自由な州として位置づけられるが、アメリカ以外の国民にとっては、その違い

を容易に理解することは困難である。そこで、筆者は、インディアナ州以外の州で生まれて、その州で成人し、何年もそこで過ごした経験を持ちながら、後になってインディアナ州へ移り住むようになったというアメリカ人に対して、インディアナ州の保守性について、どのような印象を持っているかを尋ねてみた。ニューヨーク州の北部にある片田舎で生まれて、そこで成人し、長年にわたってそこで生活したあと、インディアナ州へ移り住んで約10年になるインディアナ州政府南東部地域事務所のプロジェクト・マネジャーであるワンダ・ヒース(Wanda L. Heath)女史は、フージアーについて次のように語っている。

「フージアーは、インディアナ州で生まれて、インディアナ州で生活し、インディアナ州でその生涯を閉じる人が多い。私は、フージアーの保守性を肌で感じることができる。つまり、人生の飛躍的な転換期となるような千載一遇の幸運が巡ってきたようなときでも、そこに一抹の不安定要素があると、あえてそのチャンスを生かそうという気概を感じられない。フージアーは、あくまでも100パーセント安全な道を選ぶ。他の自由な州のアメリカ人が、積極的に活動し、自由を謳歌しているにも拘わらず、フージアーには、微塵もそのような雰囲気が感じられない。そうした体質が、政治、経済、そして、社会のあらゆる環境を満たしているように感じられる」[(46)]。

インディアナ州は、地理的にアメリカ中西部のなかの中心地に位置し、古き良きアメリカの美しくのどかな平原の景観をとどめており、そのような自然環境のなかで、変化を求めず、安全で、安定した生活に慣れ親しんだフージアーたちにとって、少しでも危険性を伴うようなチャンスが巡ってきても、それほど魅力的なものとは感じられないのであろう。そのような生き方が、まさにフージアーと

呼べるものであろう。

　他方、インディアナ州では、1816年のアメリカ連邦への加盟当初からドイツ系移民が大多数を占めていたこともあり、着実に、そして、堅実に物事をすすめようとする意識のもとに、エンジニアリング分野で他を圧倒し、NASAの宇宙航空士の三分の一を輩出するパデュー大学（Purdue University）の存在をはじめ、多数の技術系大学が存在する。こうしたことが、日本をはじめ、世界各国から海外直接投資を呼び込む環境を整えてきたことは、当然な成り行きであったと考えられるのである。

　1836年大規模地域開発法（The Mammoth Internal Improvements Act of 1836）が、インディアナ州議会を通過したことによって、1845年には担保付きの借入れ総額が1,109万ドルに膨らみ、未払いの利息が405万3,000ドルに達した。これを現在の貨幣価値に換算すると、借入れ総額は約2億9,545万ドル、利息は約1億798万ドルに相当するものと見られる。州の年間税収がわずか5万ドル台という時代に、こうした負債額が、いかに厖大な数値であったかを推測できよう。これらの厖大な負債が長年にわたってフージアーを苦渋のどん底に突き落とし、フージアーはその苦痛に耐え抜いてきた。

　この後、1900年代初頭までに、インディアナ州の政治において次第に変革がみられるようになる。それは、ポピュリズムや新保主義の新風が吹き始めたことである。1890年代のインディアナは、多くのアメリカ南部や西部諸州と同様に、新たに生まれ変わった農家の欲求不満の舞台光景そのものであった。農家の革新主義者たちは、ポピュリスト党と合体しながら、政府による鉄道や他の公共事業の所有、銀貨の鋳造によるインフレ抑制の金融政策、農家に対する低利の政府資金貸付け、発議権や国民投票や女性投票権による民

主主義などにおける徹底した変革を提案した。1896年には、この第3党は民主党に組み込まれ、ウィリアム・ジェニングス・ブライアン（Willian Jennings Bryan）による銀貨の自由鋳造への革新運動を支持した。ブライアン自身は、1896年の大統領選挙に際して、民主党から大統領候補の指名を受けて共和党の大統領候補ウィリアム・マッキンレイ（William McKinley）と戦ったが、これに敗れ、続く1900年、1908年の大統領選挙でも同様に敗れ、大統領への夢ははかなく消えうせた。インディアナ州におけるポピュリストたちは、インディアナ州の伝統の中心部からあまりにもかけ離れた存在であって、ポピュリズムは1896年から1908年の間が最盛期であった[47]。

インディアナ州の20世紀は、第1次世界大戦と第2次世界大戦、そして、鉄鋼産業と自動車産業と医療産業などの目覚ましい工業発展、それに度重なる経済不況が相前後した時代であった。

【注】
(1) 当時のインディアナの歴史については、以下の文献を参照されたい。
Robert M. Taylor, Jr.: *The Northwest Ordinance 1787–A Bicentennial Handbook*, Indiana Historical Society, Indianapolis, 1987, p.ix, p.94. Robert S. Lorch: *State & Local Politics–The Great Entanglement–Sixth Edition*, Prentice-Hall, Inc., Upper Saddle River, 2001, p.8. David C. Saffell and Harry Basehart: *State and Local Government - Politics And Public Policies–Seventh Edition*, McGraw-Hill, Inc., New York, 2001, p.328. Darrel E. Bigham: *Indiana Territory–A Bicentennial Perspective*, Indiana Historical Society, Indianapolis, 2001, p.22, p.152. Andrew R.L. Cayton and Susan E. Gray: *The American Midwest–Essays on Regional History*, Indiana University Press, Bloomington, 2001, p.2. James Taranto and Leonard Leo: *Presidential Leadership*, Free Press, New York, 2005, p.20. Wilbur D. Pear: *Portraits And Painters Of The Governors Of Indiana 1800-1978*, Hilltop Press, Indianapolis, 1978, p.10. James H. Madison: *Heart Land–Comparative Histories of the Midwestern States*, Indiana University Press, Bloomington, 1990, p.167. R. Carlyle Buley: *The Old Northwest–Pioneer Period, 1815-1840–Volume I*, Indiana University Press, Bloomington, 1983, p.vii, p.58. Arthur M. Schlesinger,

第1章　州政府の財政破綻と保守化　27

　　　 Jr.: *The Almanac of American History*, Barnes & Noble, Inc., New York, 2004, p.173
（2）　Indiana Historical Society: *Pathways to the Old Northwest—An Observance of the Bicentennial of the Northwest Ordinance*, Indiana Historical Society, Indianapolis, 1988, p.57. Robert M. Taylor, Jr.: *The Northwest Ordinance 1787—A Bicentennial Handbook*, Indiana Historical Society, Indianapolis, 1987, p.xx
（3）　Robert M. Taylor, Jr.: *The Northwest Ordinance 1787—A Bicentennial Handbook*, Indiana Historical Society, Indianapolis, 1987, p.99
（4）　Arthur M. Schlesinger, Jr.: *The Almanac of American History*, Barnes & Noble, Inc., New York, 2004, p.179. Robert M. Taylor, Jr.: *The Northwest Ordinance 1787—A Bicentennial Handbook*, Indiana Historical Society, Indianapolis, 1987, p.xxi
（5）　Robert M. Taylor, Jr.: *The Northwest Ordinance 1787—A Bicentennial Handbook*, Indiana Historical Society, Indianapolis, 1987, p.99.
（6）　Indiana Chamber of Commerce: *Here Is Your Indiana Government—2005-2006 Edition*, Indianapolis, 2005, p.304. Robert M. Taylor, Jr.: *The Northwest Ordinance 1787—A Bicentennial Handbook*, Indiana Historical Society, Indianapolis, 1987, p.100
（7）　Robert M. Taylor, Jr.: *The Northwest Ordinance 1787—A Bicentennial Handbook*, Indiana Historical Society, Indianapolis, 1987, p.101
（8）　*Ibid.*, p.xxi. Arthur M. Schlesinger, Jr.: *The Almanac of American History*, Barnes & Noble, Inc., New York, 2004, p.194. Darrel E. Bigham: *The Indiana Territory 1800-2000—A Bicentennial Perspective*, Indiana Historical Society, Indianapolis, 2001, p.164
（9）　Darrel E. Bigham: *The Indiana Territory 1800-2000—A Bicentennial Perspective*, Indiana Historical Society, Indianapolis, 2001, p.xxi
（10）　*Ibid.*, p.xxii
（11）　*Ibid.*, p.101
（12）　James Taranto and Leonard Leo: *Presidential Leadership*, Free Press, New York, 2005, p.30. Darrel E. Bigham: *The Indiana Territory 1800-2000—A Bicentennial Perspective*, Indiana Historical Society, Indianapolis, 2001, p.11. David C. Saffell and Harry Basehart: *State and Local Government—Politics and Public Policies—Seventh Edition*, McGraw-Hill, Inc., New York, 2001, p.328
（13）　Robert M. Taylor, Jr.: *The Northwest Ordinance 1787—A Bicentennial Handbook*, Indiana Historical Society, Indianapolis, 1987, p.xxii
（14）　Darrel E. Bigham: *The Indiana Territory 1800-2000—A Bicentennial Perspective*, Indiana Historical Society, Indianapolis, 2001, p.xxii. Robert M. Taylor, Jr.:

Indiana: A New Historical Guide, Indiana Historical Society, Indianapolis, 1989, p.381. R. Carlyle Buley: *The Old Northwest–Pioneer Period, 1815-1840–Volume I*, Indiana University Press, Bloomington, 1983, p.37

(15) Paul Fatout: *Indiana Canals*, Purdue University Press, West Lafayette, 1995, p.26
(16) *Ibid.*, p.26
(17) Indiana Chamber of Commerce: *Here Is Your Indiana Government–2005-2006 Edition*, Indiana Chamber of Commerce, Indianapolis, 2005, p.304
(18) Paul Fatout: *Indiana Canals*, Purdue University Press, West Lafayette, 1995, p.26-27
(19) Arthur M. Schlesinger, Jr.: *The Almanac of American History*, Barnes & Noble, Inc., New York, 2004, p.216. Paul Fatout: *Indiana Canals*, Purdue University Press, West Lafayette, 1995, p.34
(20) James H. Madison: *Heart Land–Comparative Histories of the Midwestern States*, Indiana University Press, Bloomington, 1990, p.169. Paul Fatout: *Indiana Canals*, Purdue University Press, West Lafayette, 1995, p.72
(21) Paul Fatout: *Indiana Canals*, Purdue University Press, West Lafayette, 1995, p.72
(22) *Ibid.*, p.72
(23) 武藤博巳『イギリス道路行政史―教区道路路からモーターウェイへ』(東京大学出版会、1995年、p.133、p.142)
(24) Paul Fatout: *Indiana Canals*, Purdue University Press, West Lafayette, 1995, p.72-p.73
(25) Arthur M. Schlesinger, Jr.: *The Almanac of American History*, Barnes & Noble, Inc., New York, 2004, p.234-p.235. Paul Fatout: *Indiana Canals*, Purdue University Press, West Lafayette, 1995, p.77
(26) Paul Fatout: *Indiana Canals*, Purdue University Press, West Lafayette, 1995, p.77
(27) Paul Fatout: *Indiana Canals*, Purdue University press, West Lafayette, 1996, p.78
(28) *Ibid.*, p.79-p.80
(29) Andrew R.L. Cayton and Peter S. Onuf: *The MIDWEST and the NATION– Rethinking the History of an American Region*, Indiana University Press, Bloomington, 1990, p.76
(30) Paul Fatout: *Indiana Canals*, Purdue University Press, West Lafayette, 1995, p.97
(31) *Ibid.*, p.97
(32) R. Carlyle Buley: *The Old Northwest–Pioneer Period, 1815-1840–Volume II*, Indiana University Press, Bloomington, 1983, p.282-p.283. Paul Fatout: *Indiana Canals*, Purdue University Press, West Lafayette, 1995, p98
(33) Paul Fatout: *Indiana Canals*, Purdue University Press, West Lafayette,1995,

p.98-99
(34)　*Ibid.*, p.106
(35)　*Ibid.*, p.120
(36)　*Ibid.*, p.122
(37)　*Ibid.*, p.,147-p.148
(38)　James H. Madison: *The Indiana Way–A State History,* Indiana University Press, Bloomington, 1990, p.85
(39)　*Ibid.*, p.139
(40)　James H. Madison: *The Indiana Way–A State History*, Indiana University Press, Bloomington, 1990, p.139-p.140
(41)　James H. Madison: *Heart Land–Comparative Histories of the Midwestern States*, Indiana University Press, Bloomington, 1990, p.169
(42)　Paul Brace: *State Government & Economic Performance*, The Johns Hopkins University Press, Baltimore, 1993, p.85-p.86
(43)　Thomas R. Dye: *Politics In States And Communities–Tenth Edition*, Prentice-Hall, Inc., Upper Saddle River, 2000, p.14
(44)　Thomas R. Dye: *Politics in States And Communities–Tenth Edition*, Prentice-Hall, Inc., Upper Saddle River, 2000, p.12
(45)　*Ibid.*, p.14
(46)　Interviewed with Ms. Wanda L. Heath in Scottsburg, Indiana, on January 22, 2007
(47)　Madison, James H. *The Indiana Way–A State History*, Indiana University Press, Bloomington, 1990, p.219. Chambers II, John Whiteclay. *The Oxford Guide to American Military History*, Oxford University Press, Oxford, 1999, p.92

第2章　海外直接投資が集中した1980年代以降の党派政治

　1980年以降のインディアナ州における海外直接投資(FDI = Foreign Direct Investment)の動向に研究の焦点を当てる理由は、世界中の直接投資がこの時期にアメリカへもっとも集中した時期であったからである。インディアナ州においてもこの傾向は例外ではなかった。日本からインディアナ州へ工場進出するプロジェクト数は、1980年以降2006年1月現在にいたるまで、年間平均11ないし12プロジェクトであったが、1980年以降の約10年間にわる日系の直接投資プロジェクト数は、その約2倍以上に達した。他方、1981年1月から2005年1月までの四半世紀の間、インディアナ州の政治は、五つの政権が入れ替わり、それぞれの時代のさまざまな場面において党派政治が展開されてきた。アメリカ政治特有のスポイル・システムは、インディアナ州の政治において、どのような現象をもたらしたのであろうか。スポイル・システムによるトランジション・ターム(Transition Term = 政権移行準備期間)における州政府の機能は、どのような状態におかれたのであろうか。それに対する州民の反応は、どのようなものであったのだろうか。また、直接投資の誘致政策をめぐって、政権担当政党は、どのようなリーダーシップを発揮してきたのであろうか。本章では、とくに、世界各国の直接投資がもっとも活発に展開された1980年代以降のインディアナ州の党派政治のもとにおける直接投資の誘致政策に焦点を当てて論究することにする。

第1節　ロバート・オア＝ジョン・マッツ共和党体制（1981−1988）

第1項　景気停滞

1973年1月9日から1980年12月までの2期8年間にわたって、インディアナ州の第44代知事を勤めたオーティス・R.ボーウェン（Otis R. Bowen）共和党知事から第45代インディアナ州知事として政権を引き継いだのは、同じく共和党のロバート・D.オア（Robert D. Orr）知事とジョン・M.マッツ（John M. Mutz）副知事であった[1]。その後、オア＝マッツ体制は、1988年12月までの2期8年間にわたって政権を担当することになる。オア知事が任期中にいちばん心血を注いだのは、教育改革と強力な州経済の回復であった[2]。

1980年代の初め、インディアナ州を取り巻く経済環境は、非常に厳しいものであった。アメリカ労働省労働統計局の季節調整済み州別失業率統計によると、インディアナ州を取り巻く周辺各州の1980年1月の失業率は、イリノイ州6.8パーセント、ケンタッキー州6.4パーセント、オハイオ州6.5パーセントというなかで、インディアナ州の同年1月の失業率は8.1パーセントにまで大幅に落ち込んでおり、まさに危機的な状況であった。同じく、アメリカ労働省労働局の季節調整済み州別失業率統計によると、オア知事が政権を引き継いだ1981年1月のインディアナ州の失業率は、前年同期をはるかに超えて9.3パーセントにまで落ち込んでいた。その後、翌1982年1月に11.9パーセント、1983年1月には12.7パーセントに達し、インディアナ州の1980年代における最悪の失業率を記録し、経済危機はいっそう深まっていた。これはアメリカ連邦準備制度理事会が、インフレ対策として進めていた金融引き締め政策の影響もあったが、全米

各州の失業率は11パーセント近くにまで落ち込んでいた。この高水準の失業率は、1930年代以降、初めての事態であった[3]。ポール・ブレイス（Paul Brace）は、著書『州政府と経済実績（State Government & Economic Performance）』のなかで、「1979年から1982年にかけて、全米が厳しい経済不況に見舞われた」[4]と指摘している。

そのような経済不況のなかで、アメリカ中西部諸州は、1970年代の後半から1980年初頭にかけて、日本の自動車生産の急速な追い上げと対米輸出の攻勢に遭遇していた。そのため、自動車産業の盛んなインディアナ州をはじめ、周辺諸州の自動車関連メーカーは、非常な苦境に陥り、日本との間で自動車摩擦が起きていたのである。2000年12月31日付け『日本経済新聞』の特集「20世紀を解く」によると、1980年に日本の自動車生産台数が世界第1位となり、1981年5月にいたって、アメリカは日本との間で対米自動車輸出の自主規制で合意している。日米自動車摩擦によって、日本の自動車メーカー各社は、1980年代の初めごろから、自動車の対米輸出量を減らして、アメリカ市場の自動車需要に応えるため、アメリカにおける現地生産を模索していた。

当時の日米経済関係については、村田晃嗣氏が著書『プレイバック1980年代』のなかで、「経済面では、日本市場の閉鎖性と日本車の対米輸出の増大が、さらに深刻な問題になっていた。前年（1980年）にアメリカで解雇された自動車産業労働者は、30万人を超えた。『自動車問題はアメリカで"政治的な時限爆弾"になっている』と、ウィリアム・ブロック米通商代表部（USTR）代表は、天谷通産審議官に語っている。自動車こそは1920年代以来のアメリカの消費社会と流動性の象徴であり、アメリカの基幹産業であった。日米自動車摩擦の社会的・経済的なインパクトは、1970年代初頭の繊維摩擦の比

ではなかった。日米首脳会談を目前に控えて、豪腕の田中六助通産相とブロック代表の間で、81年度の対米輸出台数を168万台に『自主規制』するなどの合意に達した。規制緩和を説くレーガン政権だが、通商面では規制強化に乗り出さざるをえなかった。そして、それは日本の競争力をさらに強化する結果となったのである」[5]と述べている。

このように、当時の日米経済関係は、比較的良好な政治的な関係とは裏腹に、きわめて険悪な関係が続いていた。その背景には、日米の貿易バランスにおいて、長期にわたって日本側の大幅な輸出超過という実態があり、アメリカにとっては、その苛立ちが募っていたものと考えられる。

日系自動車メーカーの対米進出は、1980年前後からいっきに活発化するようになった。まず、1978年2月に本田技研工業がオハイオ州に進出し、1980年7月には日産自動車がテネシー州に進出した。そして、1984年2月にトヨタ自動車がゼネラル・モータース (General Motors) との合弁でカリフォルニア州に進出し、翌1985年1月にはマツダ自動車がフォード・モータース (Ford Motors) との合弁でミシガン州に進出した。同年10月には三菱自動車がイリノイ州ブルーミントン・ノーマル (Bloomington-Normal) に進出し、翌1986年1月にはトヨタ自動車がケンタッキー州ジョージタウン (Georgetown) に進出した。これに次いで、1987年3月には富士重工業といすゞ自動車が、合弁でインディアナ州ウェスト・ラフィエット (West Lafayette) に進出した。翌1996年2月には同じくトヨタ自動車が、インディアナ州プリンストン (Princeton) に進出した。2000年代に入っても日系自動車メーカーの対米進出は続いた。2003年5月にトヨタ自動車が、アラバマ州でエンジン工場を稼動、また、同5月には日産自動車が、

ミシシッピ州のキャントン(Canton)工場を稼動させた[6]。このように、日系自動車メーカーの対米進出は、過去の四半世紀にわたって継続されてきたのである。

第2項　海外直接投資の誘致へ先鞭

1984年に入ると、インディアナ州の景気は、若干回復の兆しを見せるようになった。米国労働省の季節調整済み州別失業率統計によると、1984年のインディアナ州の失業率は9.5パーセント、翌1985年には8.1パーセント、続く1986年には7.1パーセントと順調に回復していった。これは、インディアナ州だけにとどまらず、全米の景気動向でもあった。富士重工業といすゞ自動車が合弁でインディアナ州ウェスト・ラフィエットへ進出した1987年には、インディアナ州の失業率は6.6パーセントにまで回復していた。同じく、アメリカ労働省の季節調整済み州別失業率統計によると、オア＝マッツ体制による政権担当最終年の1988年に入ると、周辺諸州の失業率が低迷するなかで、インディアナ州だけが5.3パーセントにまで回復していた。因みに、1988年の周辺諸州の失業率は、イリノイ州7.0パーセント、ケンタッキー州8.0パーセント、オハイオ州6.4パーセント、ミシガン州8.4パーセントと落ち込んだまま取り残されていた[7]。

インディアナ州政府による海外直接投資誘致政策の展開は、1981年1月、ロバート・D. オア氏の州知事就任を契機に開始されたといえるであろう。インディアナ州に対する日系自動車メーカーの進出は、1987年3月に富士重工業といすゞ自動車が合弁でウェスト・ラフィエットへ進出するまで何ら存在しなかった。つまり、1981年1月にスタートしたオア＝マッツ政権にとっては、富士重工業といすゞ自動車による合弁進出までに、すでに7年余の歳月が流れてい

たのである。この間に強力なインディアナ州経済の回復に力点をおくオア知事としては、単独で頻繁に訪日して、日系自動車メーカーならびに自動車関連部品メーカーをはじめ、鉄鋼メーカー、機械メーカーなどインディアナの基幹産業に相対する日本の産業分野の中堅メーカーに対する誘致活動を積極的に展開していた。また、マッツ副知事も同様に単独で頻繁に訪日して、オア知事の足跡をたどって誘致活動をおこない、知事と副知事の二人三脚で積極的に日系企業の誘致活動を展開した。この意味で、オア知事が日系企業に対する直接投資の誘致へ先鞭をつけたといっても過言ではない。このことは、インディアナ州のその後の地域経済の発展にとって、一つの大きな意味を持つものであったといえよう。

　この間、インディアナ州における海外直接投資の受け入れ態勢は、順調に進められていた。2004年6月2日、筆者はインディアナ州最大の電力供給会社であるシナジーPSI社本社において、同社のシナジー経済開発ネットワークの代表を勤めるロバート・E. ハチングス (Robert E. Hutchings) 氏にインタビューする機会を得た。ハチングス氏によると、オア知事のリーダーシップによって、インディアナ州内の全カウンティーにおいて、積極的に工業団地の開発がおこなわれたと指摘する。このため、インディアナ州のすべてのカウンティーが複数の工業団地を保有するようになった。インディアナ州政府は苦しい州財政のなかから資金を工面し、工業団地に対する電気、水道、天然ガス、電話などのインフラストラクチャーにかかる経費を捻出した。また、インディアナ州政府は、直接投資に対するインセンティブの構築過程において、周辺諸州に比較して、もっとも有利な条件となるよう設定することに目標を置いていた。

　インディアナ州のインセンティブに関する考え方は、非常に積

極的であったといえよう。インディアナ州のインセンティブに対する政策は、現在でも当初の積極的な精神が貫かれている。例えば、アメリカ中西部諸州における製造業が支払う労働災害補償保険料（Worker's Compensation Rate）は、給料100ドル当たり、イリノイ州3.65ドル、アイオワ州3.08ドル、ケンタッキー州4.05ドル、ミシガン州4.28ドル、ノースカロライナ州2.80ドル、オハイオ州4.00ドル、ペンシルベニア州4.24ドル、テネシー州4.27ドル、ウィスコンシン州3.11ドルに対して、インディアナ州はわずかに1.88ドルである[8]。

これは、インディアナ州が他州のインセンティブを大きく引き離すことができるもっとも有効なポイントの一つである。労働災害補償保険料は、製造業の雇用者が州税務当局へ毎月支払わなければならないものであり、雇用者にとっては大きな負担となるものである。インディアナ州政府は、企業に対する税負担を可能な限り軽減して、インディアナ州内への直接投資の誘致政策が容易に展開できるように条件を整備していった。さらに、インディアナ州政府は、税金払い戻し（Tax Credit）制度をはじめ、従業員の技術教育訓練などのインセンティブの構築において、周辺諸州に比較して決して見劣りしない積極的な施策を次々に講じていった。また、各地方自治体では、周辺の各自治体と協力しながら、不動産税の長期的な減免措置を講じた。

第3項　10億ドルの黒字財政

1980年代初めのアメリカ中西部地域における景気は、きわめて厳しいものであった。五大湖に関与する8州（ニューヨーク州、ペンシルベニア州、オハイオ州、ミシガン州、インディアナ州、イリノイ州、ウィスコンシン州、ミネソタ州）で構成する五大湖委員会（The Great Lakes Commission）は、アメリカ連邦準備制度理事会シカゴ銀行（Federal

Reserve Bank of Chicago)の編纂による1985年10月の報告書のなかで、五大湖地域は過去数年間にわたって景気が後退し、米国のなかの病魔に冒された老人(Sick old man)地域と揶揄され続け、また、錆びついた地帯(Rustbelt)とか凍りついた地帯(Frostbelt)あるいは降雪地帯(Snowbelt)などとも名指しされてきた[9]。

アメリカ中西部諸州の景気が低迷しているなかで、同報告書は、五大湖地域を暖かく見守る姿勢を採っている。同報告書によると、五大湖地域における経済は、水資源、石炭、鉄鉱石、木材、鉱物資源、そして、水上輸送システム、農産品や工業製品の製造および流通センターとしての中心的なロケーションという強力な資源の優位性の上に立脚し、将来の成長が約束されていると評価している。また、同地域の労働力は、工場労働者としてきわめて高度な技術を修得しており、質の高い教育機関は新たな能力と先端技術を附与し、同地域には広範に及ぶ輸送システムが張り巡らされ、相互補完的な多様な産業のネットワークが構築されている。これらの資源は、五大湖地域における雇用と福祉の成長を促進し、全米人口の三分の一の高度な生活水準を支え、アメリカ全体の経済の活力に貢献するものである[10]。このように、同報告書は、五大湖地域の経済的潜在力を高く評価し、冷静さを保っているように見受けられる。

インディアナ州では、1989年1月のエヴァン・バイ(Evan Bayh)州知事の就任式を前に、1988年には州知事選挙キャンペーンが繰り広げられていた。この選挙キャンペーンの争点となったのは、どのようなものであったのだろうか。それは、1987年3月の富士重工業といすゞ自動車の合弁によるウェスト・ラフィエットへの進出に端を発するものであった。富士重工業といすゞ自動車によるインディアナ州への合弁企業進出は、オア=マッツ共和党体制のもとでイン

ディアナ州全体にとって記念すべき慶事となった。これに先立って、オア知事は、この投資プロジェクトに対して、各種のインセンティブを与えた。このころ、すでに次期州知事の選挙戦に突入していて、共和党からは、当然ながら副知事を8年間勤めたマッツ氏が次期州知事候補として立候補していた。これに対して、民主党からはエヴァン・バイ氏が、マッツ氏の対立候補として立候補していた。インディアナ州民の間には、過去20年間継続した共和党政権に対して、多少、批判的な評価が表面化していた。エヴァン・バイ氏は、こうした声を後ろ盾にして、オア知事による富士重工業といすゞ自動車による合弁プロジェクトに対するインセンティブが多過ぎるとして、選挙戦でオア＝マッツ政権に対する激しいネガティブ・キャンペーンを展開していた。インディアナ州議会においても民主党の間で同様に富士重工業といすゞ自動車の合弁プロジェクトに対するインセンティブの過多が問題視されていた。この事実は、当時、日本の主要マスメディアを通じて、広く日本全国にも知れわたる結果となった。そして、インディアナ州知事選挙戦では、20年ぶりに民主党が辛勝したのであった。

そのころ、インディアナ州政府の財政事情は、きわめて順調に推移していた。オア＝マッツ政権担当最終年の1988年後半にいたると、インディアナ州政府の財政は、厳しい経済不況から脱して、10億ドルの黒字財政に転じていた。インディアナ州憲法では、負債による州財政を固く禁じている。そして、オア＝マッツ共和党政権は、10億ドルの財政黒字をバイ＝オバノン民主党政権へ引き継ぐことになったのである。州財政は健全であったが、彗星のごとく出現してきた民主党のバイ氏が、選挙戦を勝ち取ったのであった。

1988年11月の州知事選挙とともに、インディアナ州議会議員選挙

が、同時におこなわれた。この選挙によって、議会下院の民主党と共和党の間の議席数が50対50の同数となり、両党の間で票を分け合うというきわめて珍しい事態に立ちいたった。このため、バイ知事はたびたび苦しい議会運営を強いられる結果となった。後になって、一人の民主党の下院議員が共和党へ鞍替えしたことによって、民主党49人、共和党51人となった。このことによって、民主党は党員数を減らし、さらに苦しい議会運営を強いられる結果となってしまった[11]。

強いアメリカを標榜してホワイト・ハウス入りした共和党のロナルド・W.レーガン（Ronald W. Reagan）大統領のもとで、前州知事のオア氏は、1989年に駐シンガポールのアメリカ大使に任命され、1992年までのほぼ4年間にわたって大使を勤めた。オア氏は、レーガン大統領との間に、長年の親交があったといわれていた。また、駐シンガポールのアメリカ大使を辞任した後、インディアナポリスに帰って、同僚とともに「アライアンス・フォー・グローバル・コマース」（Alliance for Global Commerce）という企業を立ち上げ、2004年3月10日に86歳で亡くなるまで、インディアナ州の経済発展に尽力した。

オア氏のインディアナ州に対する愛着は、人並みはずれたものがあり、インディアナ州民は、そのことを十分に認識していた。オア氏は、共和党員であったが、党派を超えた人気を保持していた。そのため、広くフージアーから親しまれていた。そして、オア氏が亡くなった後、彼の生まれ故郷であるインディアナ州南西部の都市エヴァンズヴィルから北へ向かう高速道路を、「ロバート・D.オア・ハイウェイ」（Robert D. Orr Highway）と命名して、彼の長年にわたるインディアナ州への献身的な貢献に対して、その名を永遠にインディアナ州民の記憶にとどめることとなった。

第2節　エヴァン・バイ＝フランク・オバノン民主党体制(1989 - 1996)

第1項　ネガティブ選挙キャンペーン

　1989年1月9日、72歳のロバート・D.オア前州知事から第46代インディアナ州知事として政権を引き継いだのは、民主党の弱冠33歳のエヴァン・バイ(Evan Bayh)知事であった。オア前州知事は、全米の州知事のなかで最高齢であったが、エヴァン・バイ知事は、全米の州知事のなかでもっとも年齢の若い知事であった。バイ知事は、副知事にインディアナ州南部コリドンの出身で、当時、すでに18年間インディアナ州議会上院議員をつとめた議会運営に老練なフランク・L. オバノン(Frank L. O'Bannon)氏を選んだ。バイ知事がオバノン上院議員を副知事に選任したことは、年齢的なバランスから見て、最適な選択であった。

　バイ知事の政治家としての資質は、正に生まれつきのものであったといえよう。彼はインディアナ州議会議員バーチ・バイⅡ世(Birch Bayh II)の長男として1955年にインディアナ州シャーキーヴィル(Shirkieville)で生まれた。彼の本名はバーチ・エヴァンス・バイ3世(Birch Evance Bayh III)である。彼の誕生から7年後に父のバーチ・バイ氏が、連邦議会の上院議員に転じたため、バイ一家はインディアナ州からワシントンD.C.に移り住んだ[12]。エヴァン・バイ氏は、幼少からアメリカ連邦政治の真の政治環境のなかで教育を受けて育ったのである。

　このような事情から、エヴァン・バイ氏の州知事への立候補に対して、インディアナ州の選挙民の間から、「インディアナ州に居住していない立候補者」として、非難する声も聞かれたのであった。

エヴァン・バイ氏は、1988年11月のインディアナ州知事選挙戦をネガティブ・キャンペーンで戦ったといえるだろう。その州知事選挙戦は、その後、長期間にわたって、とくに、海外直接投資の誘致においてきわめて甚大な悪影響を及ぼしたのであった。バイ氏が州知事選挙で争った対戦候補は、それまでに8年間インディアナ州副知事を勤めた共和党候補のジョン・M.マッツ氏であった。

先述のように、二人の知事候補者の間で、選挙戦を通じて争点となったものの一つに富士重工業といすゞ自動車の合弁によるウェスト・ラフィエットへの進出プロジェクトに対するインセンティブを巡る問題があった。二人の候補者は、この問題を巡って激しい論戦を展開した。マッツ氏は、このプロジェクトのインディアナ州への誘致成功とこれによる将来のインディアナ州経済に及ぼす経済的波及効果の予測を強く州民に訴えた。これに対して、バイ氏は、このプロジェクトに対する共和党政権のインセンティブが過多である旨を強調した。

このプロジェクトに対するバイ氏による強烈なネガティブ・キャンペーンは、やがて日本の主要メディアを通じて広く日本全国に知られることとなった。ネガティブ・キャンペーンによる日系直接投資企業の誘致における弊害は、その後、長年月にわたって尾を引く結果となった。この影響を受けて、日系の直接投資が、アメリカ中西部各州に対して順調に推移するなかで、インディアナ州への進出プロジェクトだけが激減した。

このような傾向は、本格的に州知事選挙戦が始まった1988年の初めごろから1990年代半ばごろまで尾を引き、インディアナ州にとって、日本の直接投資の誘致において、厳しい苦渋の時代を迎えたのであった。インディアナ州で最大の電力サービス・テリトリーを誇

るシナジー PSI社が公表しているデータ(Cinergy Economic Development Network: www.indiana.cinergy.com)ならびに筆者が独自に調査した資料によると、インディアナ州における日系直接投資の割合が、海外直接投資全体の約三分の一を占めることから、日系企業によるインディアナ州への直接投資が減少することは、インディアナ州にとって大きな痛手であった。ここに、選挙戦におけるネガティブ・キャンペーンの怖さが潜んでいる。ネガティブ・キャンペーンは、後々まで政治、経済、社会に甚大な悪影響を及ぼすものである。ただ単に、州知事選挙において勝利すればよいとする立候補者の独りよがりな考え方が、その後、長年月にわたって、インディアナ州全域に多大な経済的弊害をもたらした顕著な例といえよう。

バイ＝オバノン民主党体制のもとでのインディアナ州の経済は、概して順調に推移した。バイ＝オバノン体制がスタートした1989年1月のインディアナ州の失業率は4.6パーセントであったが、その後、1990年1月に4.9パーセント、翌1991年1月に5.5パーセント、そして、1992年1月には5.8パーセントにまで増加した。2期目に入ったバイ＝オバノン体制のもとで、インディアナ州の景気は、次第に回復に向かい、1993年1月のインディアナ州の失業率は、5.6パーセントとわずかながら落ち込んだものの、1994年1月には4.4パーセント、1995年1月には4.1パーセントにまで回復したが、翌1996年1月には4.2パーセントとわずかながら後退の兆しを見せた[13]。このような状況のなかで、インディアナ州の経済は、比較的順調に推移していた。

バイ知事の州知事としての政策の中心は、健全な州財政の運営ならびに経済成長であった。インディアナ州議会においては、州財政の責任を追及する傍ら、できるだけ低い税率と新たな職場の創出に

対する努力が払われた。バイ知事は、8年間の任期中、一度も税金を引き上げることはなかった。そして、37万5,000の新たな職場を創出し、失業者を仕事場へと向かわせた[14]。8年間に一度も税金を引き上げることがなかったことは、バイ知事自身にとっても、またインディアナ州民にとっても、非常に幸運なことであったといえよう。

第2項　初期の対日直接投資誘致使節団

エヴァン・バイ知事は、1989年1月から1996年12月までの2期8年間にわたる任期中、一度も訪日することはなかった。このことに関しては、バイ氏が1988年11月の州知事選挙戦において、オア=マッツ共和党政権が富士重工業といすゞ自動車の合弁によるウェスト・ラフィエットへの進出プロジェクトに対して、あまりにも多額のインセンティブを与えたとして、激しいネガティブ・キャンペーンを展開したことによるものではないかとの声が聞かれた。

第1回対日直接投資誘致使節団は、手探りの状況のなかで来日したのであったが、結果的に大きな成果を上げることができた。バイ知事に代わって、オバノン副知事が、1996年5月18日から同25日までの1週間にわたって、インディアナ州政府代表として初めての公式な対日直接投資誘致使節団を率いて訪日した。同使節団は、当時のインディアナ州政府商務局の代表をはじめ、州議会の上下両院議員、各市の市長、各地域経済開発公社ならびに電力会社の代表、弁護士、公認会計士、コンサルタント、インディアナ日米協会の代表ら約30名余のメンバーで構成されていた。同使節団の日本での滞在期間中、東京、名古屋、大阪で盛大なレセプションを開催し、名古屋ではインディアナ州企業誘致セミナーを開催して、潜在的な日系

進出企業の代表者たちと親しく懇談する機会を得ることができたことは、同使節団にとって大きな成果であった。インディアナ州政府は、この対日直接投資誘致使節団派遣の成功によって、その後、毎年、同様な対日使節団を派遣するようになり、バイ＝オバノン民主党政権が対日直接投資誘致使節団の派遣へ先鞭をつけたのであった。これは、日系進出企業のバイ知事に対する批判的な見方のなかで、オバノン副知事による偉大な功績であった。

第1回対日直接投資誘致使節団の派遣によって、インディアナ州へもたらされた成果は、次のようなものであった。1996年中にインディアナ州へ進出した日系企業は、トヨタ自動車（インディアナ州における企業名＝Toyota Motor Manufacturing Indiana, Inc.）がプリンストンへ進出したのをはじめ、アイシン精機（同Aisin Drivetrain, Inc.）がクロザースヴィル（Crothersville）へ、当時の川崎鉄鋼（同AK Steel Corporation）がロックポート（Rockport）へ、プレス工業（同Blue River Stamping Company, Inc.）がシェルビーヴィル（Shelbyville）へ、青山製作所（同Indiana Automotive Fasteners, Inc.）がグリーンフィールド（Greenfield）へ、住金精圧品工業（同Indiana Precision Forge, LLC）がシェルビーヴィルへ、太田重工業（同North Vernon Industry Corporation）がノースヴァーノン（North Vernon）へ、日本精工（同NSK Precision Americas, Inc.）がフランクリン（Franklin）へ、NTN東洋ベアリング（同NTN-BCA Corporation）がグリーンズバーグ（Greensburg）へ、日本特殊塗料（同UGN, Inc.）がヴァルパライソ（Valparaiso）へそれぞれ進出し、この年、日系の海外直接投資によって合計10プロジェクトがインディアナ州へ進出した。

大手自動車メーカーのトヨタ自動車によるインディアナ州への進出は、インディアナ州に対して、大きな副次的経済効果をもたらした。トヨタ自動車のインディアナ州への工場進出によって、その後、

多数のトヨタ系自動車部品メーカーによるインディアナ州南部への直接投資が一挙に増大する契機となった。このことは、インディアナ州南部地域の労働者に対して、素晴らしい職場を創出する結果となった。1997年6月の対日直接投資誘致使節団に参加したエヴァンズヴィル地域経済開発公社(Evansville Regional Economic Development Corporation)のケネス・ロビンソン(Kenneth Robinson)専務理事によると、同年初頭の現地トヨタ自動車の第1回技術労働者1,300名の募集に際して、地元インディアナ州をはじめ、周辺諸州から全体で5万2,000名の応募者が殺到した。トヨタ自動車は、順調な経営がおこなわれ、2006年1月現在、すでに5,000名を超える従業員を擁する素晴らしいインディアナ企業として成長を続けている。インディアナ州における5,000名規模の日系企業の出現は、これが初めてであり、州の経済に多大な経済効果を産み出している。

第3項　史上最高の財政黒字

エヴァン・バイ知事の州議会における政策は、おおむね順調に受け容れられた。1988年11月のインディアナ州知事選挙で当選を果たし、1992年11月に再選されたバイ知事の州議会における最重要な政策課題は、一貫して堅実な州財政の運営とともに確かな経済成長、そして教育改革であった。バイ知事は、教育改革において、毎年、予算を増強し、教育レベルの向上に尽力した。また、州政府機関の一つとして労働力開発局(DWD = Department of Workforce Development)をはじめて創設し、これによってさらに効率的でアクセス可能な職業教育ならびに技術教育、読み書き能力プログラム、雇用促進、そして、職業訓練活動を可能にした[15]。

バイ知事による州経済運営は、州知事任期中の8年間を通じて、

きわめて順調に推移したといえよう。バイ知事の任期の最終年1996年、州財政は16億ドルの黒字財政となっていた。これほど多額の余剰金の計上は、インディアナ州の歴史上初めてのことであった。このことによって、バイ知事はインディアナ州をアメリカでもっとも強力な州の一つに仕立て上げ、財政的に州経済を安定させたとして州民から高く評価された[16]。このことは、インディアナ州のみならず、全米からも高い評価を得た。バイ知事は州知事としての任期中に一度も増税することはなかった。しかも教育改革に毎年予算を増加していったにもかかわらず、16億ドルもの余剰金を計上することができたことで、州民は一様に民主党政権の財政運営に対して満足していた。バイ氏は、こうした実績を基にして、1996年12月に州知事を退いた後、1998年に大多数の州民の支持を得て、連邦議会の上院議員に初めて選出され、さらに2004年には再選を決めた[17]。

第3節　フランク・オバノン＝ジョセフ・カーナン民主党体制（1997 - 2003）

第1項　1989年以降増税なし

1996年11月5日の州知事選挙で勝利したフランク・オバノン氏は、翌1997年1月13日、第47代インディアナ州知事として、同じ民主党のエヴァン・バイ知事から政権を引き継いだ。オバノン知事のインディアナ州議会における主要な政策は、教育改革、経済成長、そして、一般家庭に対する福利厚生の充実であった。教育改革では、とくに児童に対する施策の充実に心血を注いだ。オバノン知事とジョセフ・E.カーナン（Joseph E. Kernan）副知事の就任式には、インディアナ州で歴史を学ぶ小学4年生の児童100名が招かれ、寒風の吹きすさぶなかの氷点下の外気温にもかかわらず、児童たちは州議会の西

側広場において執りおこなわれた就任式を見守った。このような就任式は、インディアナ州の歴史上初めてのことであった。それほどまでにオバノン知事の子供たちに対する思い入れは、非常に深いものがあった[18]。

当時のインディアナ州政府商務局(Indiana Department of Commerce)、デイヴィッド・パリーニ(David Perlini)局長によると、バイ＝オバノン体制からオバノン＝カーナン新体制への業務引き継ぎは、同じく民主党同士という背景とともに、オバノン知事が前副知事であったということも手伝って、きわめて順調に執りおこなわれた。この時ほど政権移譲がスムーズに執りおこなわれたことは過去に例がなかった。政権が改まったことを理由に、これまで慣れ親しんだ職場を去ろうとする各部署の上級職員たちに対して、オバノン知事は自ら声明を発表し、もし、本人が希望するなら、それまでの職場にとどまるよう呼びかけた。この結果、ほとんどの上級職員たちが、それまでの職場にとどまることを決意し、業務引き継ぎはかつてないほど順調に執りおこなわれた。このこと一つをとってみてもオバノン知事の温厚な人柄が、よく現われているといえよう。オバノン知事は、すべてのフージアーに対して、分け隔てなく等しく優しさを分け与えた人であった。

オバノン知事の主要な政策は、教育改革ならびに経済成長であった。オバノン知事の教育改革のポイントは、インディアナ州の学校の学術的水準を高めること、学校と教職員の責任感を向上させること、数学と英語を全米の最高水準に引き上げることであった。また、経済成長のポイントは、300万人を超えるインディアナ州の労働者がともに働けるよう職場の創出を図ること、高給な職場創出の成長率において全米のトップ10位に入るようになること、低い貧困率と

低い失業率を維持すること、ハイテク関連の職場創出において全米でトップクラスにランクされるようになることであった。そして、一般家庭への福利厚生の充実のポイントは、インディアナ州が福利厚生の改革において全米のリーダーとなること、職場の創出において全米で1位になること、家庭が支払えない子供の健康保険を充実することにおいて注目されるような州となることであった[19]。

　2003年3月9日付けの地元紙『インディアナポリス・スター』のインターネット版『INDYSTAR.COM』によると、この年の前半の議会では、324の法案が下院を通過し、196の法案が上院を通過している[20]。この数値を見る限りでは、円滑な議会運営がおこなわれていたとみることができよう。インディアナ州の財政が比較的安定し、かつ財政運営がうまく推移している時期における議会運営は、真剣な議論が展開される機会が多くなり、担当政権に対する野党側の対決姿勢が活発化するため、比較的法案の立法化が困難になりがちである。一方、経済状況が危機的状態にある場合の議会運営は、州財政の危機を考慮してか、各議員が超党派的な姿勢と取りがちである。

　オバノン知事の最初の4年間の任期中を通じて、インディアナ州の失業率は、順調に回復していった。アメリカ中西部諸州の景気が若干低迷するなかで、幸いにしてインディアナ州の経済は非常に好調で、失業率は1997年1月3.1パーセント、1998年1月2.9パーセント、1999年1月2.8パーセント、そして、2000年1月にも2.8パーセントときわめて低率を維持していた[21]。

　オバノン知事の子供たちに対する愛情と政策は、その後、何ら変化することはなかった。2000年11月7日の州知事選挙で再選を果たしたオバノン知事は、2001年1月8日の就任式においても1997年1月13日の就任式の場合と同様に、インディアナ州で歴史を学ぶ小学4

年生の児童を就任式に招待した。2回目の就任式は、前回1997年の氷点下における寒風の吹きすさぶなかでの就任式の状況を配慮して、今度はインディアナポリスの多目的大型施設であるRCAドーム内で挙行された。児童の教育改革を推進するオバノン知事の子供たちに対する思い入れは、4年経過しても、少しも変わることはなかった[22]。

　オバノン知事が率いる民主党政権の下では、大幅な減税対策が執りおこなわれた。オバノン知事は、インディアナ州の経済活性化を目指すエナージャイズ・インディアナ・プログラム(Energize Indiana Program)を立法化するなど、インディアナ州を常に前進する州として捉えていた。2000年にいたって、1988年11月の州知事選挙でバイ＝オバノン体制が勝利して以来、実に12年間にわたって一度も州税を増税していないことを強調していた。オバノン知事は、最初の4年間の任期中に15億ドルもの減税を実行したのであった[23]。オバノン＝カーナン民主党体制において、この時期までは景気の落ち込みも見られず、インディアナ州の財政運営は順調に推移していた。

第2項　対日直接投資誘致使節団の慣例化

　インディアナ州政府は、1996年5月の第1回対日直接投資誘致使節団の派遣に引き続いて、翌1997年6月に第2回対日直接投資誘致使節団を派遣した。第2回の使節団は、カーナン副知事がリーダーをつとめ、同じく州政府の代表をはじめ、州議会の上下両院議員、各都市の市長、各地域の地域経済開発公社の専務理事らのほか、電力会社、弁護士、公認会計士、コンサルタント、そして、インディアナ日米協会の代表ら約40名で構成されていた。同使節団は、滞在中、東京、名古屋、大阪の各都市でインディアナ州企業誘致セミナーと

レセプションを開催して、多数の潜在的な進出企業の代表をはじめ、すでにインディアナ州へ進出している企業の代表らを交えて、親しく懇談する機会を得ることができた。このことは、その後の日系企業によるインディアナ州への企業進出の契機となった。この第2回使節団の派遣によって、対日直接投資誘致使節団は、早くも慣例化の兆しを見せ始めていた。

インディアナ州政府は、当時、インディアナ州製品の日本市場に対する輸出促進にも大いに力を入れていた。1997年11月には、インディアナ州政府による従来の対日直接投資誘致を目的にした使節団だけではなく、インディアナ州のハウジング用品の輸出促進を目的にした小規模な使節団が初めて訪日した。この使節団は、同じくカーナン副知事がリーダーをつとめ、州政府の代表らをはじめ、複数のハウジング用品メーカーの代表や電力会社の代表ら約30名で構成されていた。同使節団の滞在中、東京、名古屋、大阪でそれぞれ輸出促進のためのセミナーならびにレセプションが開催されたが、これはインディアナ州のハウジング用品の日本市場における市場化のフィージビリティー・スタディーといった色彩の濃いものであった。インディアナ州製品の日本市場への輸出促進は、インディアナ州の経済運営において重要な柱のひとつである。

続いて、1998年の第3回対日直接投資誘致使節団は、超党派的な色彩の濃いものであった。第3回使節団は、1998年4月2日から同9日までの1週間にわたって、オバノン知事自らがリーダーをつとめ、しかも同使節団メンバーのなかには共和党の前州知事であったロバート・D.オア氏を伴っての訪日であった。この年の使節団は、1998年4月5日から同7日まで、東京・千代田区の帝国ホテルにおいて開催された第30回日本・米国中西部会日米合同会議への参加を兼

ねており、オア氏は、この会議において基調講演をおこなうことが主要な目的であった。

　日本・米国中西部会は、日米経済協議会の地域部会の一つであり、「日本と米国中西部諸州との貿易と投資の伸長ならびに産業、技術、文化の全般にわたる相互交流の増進を通じて、日米協力・協調の一つの軸として、両国の発展に大きく寄与すると同時に、広く世界の安定と繁栄に寄与する事を目的とする」(同会会則第2条目的)として、1967年に設立されたものである。以来、日米両国で毎年交互に開催されている恒例行事である。当時、アメリカ側のメンバーは、インディアナ州、イリノイ州、アイオワ州、カンザス州、ミネソタ州、ミシガン州、ミズーリ州、ネブラスカ州、オハイオ州、そして、ウィスコンシン州の合計10州の州政府の知事および副知事をはじめ、これら地域の企業経営者、第三セクターの代表者たちで構成されていた。また、日本側のメンバーは、アメリカ中西部各州へ進出している企業の経営者をはじめ、各県知事および副知事、そのほか第三セクターの代表者たちで構成され、日米経済協議会が取り纏めているものである。日本・米国中西部会は、その目的が示すように、日本および米国中西部諸州の経済発展にとって、多大な意義を有するものである。

　インディアナ州の第3回対日直接投資誘致使節団の構成陣容もまた多彩であった。第3回の使節団は、インディアナ州政府の代表をはじめ、州議会の上下両院議員、各都市の市長、各地域の地域経済開発公社、航空会社、電力会社、建設ゼネラル・コントラクターなどの代表、コンサルタント、インディアナ日米協会の代表者らで構成されていた。同使節団の日本滞在中、インディアナ州への日系企業の進出がもっとも集中している中部地区の名古屋で、インディア

ナ州企業誘致セミナーと併せてレセプションが開催された。しかしながら、インディアナ州への日系企業の進出が少ないという理由から、東京でのセミナー開催は取り止めとなり、レセプションのみが開催された。その後、対日直接投資誘致使節団は、毎年、継続して派遣されるようになり、インディアナ州政府による年間恒例の行事として定着するようになった。

第3項　9・11同時多発テロの弊害

2001年1月から2期目に入ったオバノン＝カーナン民主党政権は、当初、アメリカ中西部各州の景気停滞が次第に進行しつつあるなかで、いまだ、好調な景気のうねりのなかで何とか踏みとどまっていた。米国労働省の季節調整済み州別失業率統計によると、2001年1月時点のアメリカ中西部各州の失業率は、イリノイ州が5.0パーセント、ミシガン州およびケンタッキー州がともに4.7パーセント、そして、オハイオ州が4.0パーセントであった。これに対して、インディアナ州の失業率は、まだかろうじて3.6パーセント台に踏みとどまっていた[24]。しかしながら、2001年の前半を折り返した時点で、全米各州において急速に景気後退が進行し始め、インディアナ州でさえもいよいよ増税に踏み切らざるをえない財政状況に陥った。

2001年9月11日の同時多発テロによって、アメリカ経済は、大きな打撃を受けた。9・11同時多発テロは、全米の不況感をさらに増幅させた。その年、アメリカの基幹産業の一つである鉄鋼業界の代表的企業ベスレヘム・スティール（Bethlehem Steel）が破綻に追い込まれた。このことによって、同業のナショナル・スティール（National Steel）やローグ・インダストリーズ（Logue Industries）など他の鉄鋼メー

カー各社も大きく株価を下げ、経営が大きく揺らぐ事態となった。米国商務省統計局によると、全米の鉄鋼生産の約22.55パーセントを占めるインディアナ州にとって、鉄鋼業の雄ともいわれたベスレヘム・スティールの破綻は他人事ではなかった。そして、全米各州において税収不足に見舞われ、各州政府の財政はいずれも非常な苦境に陥った。また、9・11同時多発テロ以降、世界各国からアメリカを訪れる観光客が激減して、運輸航空など観光関連産業は、ことごとく厳しい打撃をこうむった。

　9・11同時多発テロは、インディアナ州における海外直接投資の誘致においても、多大な弊害をもたらした。9・11同時多発テロほど、すべてのグローバリゼーションに歯止めをかけたものは他になかったといえよう。9・11同時多発テロは、すでに対米進出計画を進行中であった日系投資企業に対して、きわめて大きな障害となった。このテロによって、対米進出のためのプロセスが大幅に延期されるケースが目立った。また、インディアナ州を含むアメリカ中西部への工場進出を計画していた潜在的な海外進出企業にとっては、進出計画そのものを見直して、一時的に進出を思いとどまるケースが頻発した。対米進出を思いとどまらざるをえなかった日系の潜在的な対米進出企業のなかには、方向転換して、東南アジア諸国や東ヨーロッパ諸国へと進出していく企業もあった。中国をはじめ、タイ、インドネシア、マレーシアなど東南アジアへの日系企業の進出が相次いだ。9・11同時多発テロは、一時的に対米直接投資を途絶えさせる結果となり、このことは、アメリカ各州にとってはきわめて遺憾な出来事であった。

第4項　州財政の赤字転落

オバノン知事は、厳しい州財政を少しでも切り詰めるため、可能な限りの努力を惜しまなかった。当時、インディアナ州政府労働局（Indiana Department of Labor）のコミッショナーであったジョン・グリフィン（John Griffin）氏によると、オバノン知事は、2002年6月、すべての州政府職員に対して、一律12日分の給与カットを実施するために、向こう12カ月間に12日間の休暇を取るようにとの緊急声明を発表した。これによって、すべての州政府職員は、一人の例外もなく、12日間分の給与を州政府へ返還した。このような措置が執られたのは、インディアナ州の歴史上初めてのことで、インディアナ州の財政がいかにひっ迫していたかを如実に物語るものであった。

インディアナ州だけにとどまらず、全米の多くの州が財政難に遭遇し、増税へと動いていった。インディアナ州の消費税は、2002年12月1日、5パーセントから1パーセント引き上げられて6パーセントとなった。消費税の引き上げは、1980年以降初めてのことで、前回の引き上げから実に22年ぶりのことであった。22年間の長年にわたって、一度も消費税が引き上げられなかったこと自体が大きな驚きである。州税を長年にわたって引き上げなかったということは、共和党政権ならびに民主党政権の両政権による努力の賜物であった。しかしながら、インディアナ州政府は、ここにいたって、どうしても消費税を引き上げざるを得ない事態に立ちいたったのである。インディアナ州の税収のうち、約40パーセントを占める消費税は、1パーセント引き上げることによって、年間8億ドルの大幅な増収となった[25]。

インディアナ経済が一段と低迷するなかで、オバノン知事は州議会に対して、どのような政策で臨んだのであろうか。2002年にいたっ

て、オバノン知事はインディアナ州議会に対して、雇用創出に繋がるような税制の見直し、また、自宅所有者に対する10億ドルまでの支援をおこなうための税制の見直しを表明した。さらに、2003年にはエナージャイズ・インディアナ[26]という包括的経済開発計画法案を州議会に提出した。この法案は、ライフサイエンス、先進的技術による製造、インフォメーション・テクノロジー、流通の四つのハイテク分野においてインディアナ州の経済開発を促進しようとするものであった。

　不況感が一層深刻な度合いを増すなかで、アメリカ中西部各州の失業率は、軒並み増加傾向にあった。米国労働省の季節調整済み州別失業率統計によると、2002年1月のアメリカ中西部各州の失業率は、ミシガン州ならびにイリノイ州がともに6.2パーセント、ケンタッキー州が5.7パーセント、オハイオ州が5.4パーセントに落ち込むなかで、インディアナ州の失業率はなんとか5.3パーセントに踏みとどまっていた。2003年1月には、ミシガン州とイリノイ州はともに6.7パーセント、ケンタッキー州ならびにオハイオ州はともに6.0パーセント、そして、インディアナ州は5パーセントであった。インディアナ州は前年に比較して、わずかに0.3パーセントの改善が見られたものの、失業率5パーセントという不況感は依然として厳しいものがあった。2003年会計年度の全米の財政は、第2次世界大戦以降、最悪の年となった。アメリカのほとんどの州が多額の財政難に直面し、最終的には全米で175兆ドルのマイナス財政となり、将来に何の明るさも見られず、税収は大幅に伸び悩んだ[27]。

　低迷を続けるアメリカ経済は、2003年に入って、一段と深刻さを増していた。そのような状況下で、日本からの対米進出企業数は、次第に減少していった。2003年3月20日、アメリカ軍はイラクを攻

撃し、イラク紛争の悪要因からアメリカへの投資は敬遠される結果となり、大型投資はほとんど立ち消えとなってしまった。インディアナ州の財政赤字は、ついに8億5,000万ドルを超え、最悪の事態に陥った。インディアナ州の人口は約619万、労働人口は約310万である。財政赤字の問題解決を納税者に依存すべきか否か、それは容易に解決できる問題ではなかった[28]。こうした状況にいたって、地元『インディアナポリス・スター』紙は、「ステート・オブ・デクライン（State of Decline）」（衰退する州）と題した特集号を発行し、州民に事態の深刻さを伝えた。

第5項　州知事選挙に出遅れた民主党

2004年11月の州知事選挙に際して、インディアナ州民の誰しもが、民主党からは当然、副知事のジョセフ・E.カーナン氏が立候補するものと予測していた。しかし、2002年12月10日付けの地元紙『インディアナポリス・スター』の1面トップに、「カーナン氏は知事選に立候補せず」[29]という記事が掲載され、州民は一様に大きな驚きをみせた。有権者のうちの約半数は民主党支持者であり、彼らはその記事に落胆の色を隠し切れなかった。

　カーナン氏が知事選挙に立候補しないという結果を踏まえて、同日の『インディアナポリス・スター』紙のインターネット版『INDYSTAR.COM』は、民主党の州知事候補者の予測記事を掲載した。そのなかには、前インディアナ州および全米民主党会長ジョセフ・アンドリュー（Joseph Andrew）氏（42歳）、前インディアナ州知事で連邦議会上院議員エヴァン・バイ氏（46歳）、前インディアナ州議会下院議長ジョン・R.グレッグ（John R. Gregg）氏（48歳）、連邦議会下院議員バロン・ヒル氏（Baron Hill）（49歳）、インディアナポリス市

長バート・ピーターソン(Bart Peterson)氏(44歳)、そして、連邦議会下院議員ティム・ローマー(Tim Roemer)氏(46歳)の面々が含まれていた[30]。バート・ピーターソン氏とティム・ローマー氏は、即日、州知事選挙への立候補の意思がないことを表明し、『インディアナポリス・スター』紙の報道を即座に否定した[31]。

　他方、共和党は、インディアナ州知事選挙に対して、積極的な姿勢で臨んでいた。民主党が党内で何も結論を打ち出せないまま座しているなかで、2003年5月6日付け『インディアナポリス・ビジネス・ジャーナル』紙のインターネット版は、ホワイト・ハウスのフレイシャー(Ari Fleischer)報道官がミッチェル・E.ダニエルズ(Mitchell E. Daniels)アメリカ連邦政府行政管理予算局長(54歳)の辞意とともに、インディアナ州知事選挙への出馬の意向を発表した旨を伝えた。フレイシャー報道官の発表によると、ダニエルズ行政管理予算局長は、この日、ブッシュ大統領に対して辞表を提出し、向こう30日以内に同予算局長の席を辞任することになった。ダニエルズ氏は、リチャード・ルーガー(Richard G. Lugar)連邦上院議員のチーフ・オブ・スタッフや1985年から1987年までロナルド・レーガン大統領のもとでシニア・アドバイザーをつとめた。2001年以降2003年6月までジョージ・W.ブッシュ(George W. Bush)政権のもとで行政管理予算局長をつとめ、ブッシュ大統領から連邦予算の采配において「ザ・ブレイド」(The Blade = 剃刀の刃)[32]と呼ばれるほどの才覚を発揮した。

　ダニエルズ氏は、2003年7月7日に早くも地元インディアナ州に入り、2004年州知事選挙への立候補者として第一声を上げた。こうして民主党は、現職の副知事を抱えながら、共和党に先を越され、大きく水を空けられてしまった。

第6項　オバノン知事の急逝

　フランク・L.オバノン氏の最期は、非常に劇的であった。2003年9月7日（日曜日）から同9日（火曜日）まで、イリノイ州シカゴ市のパーマー・ハウス・ヒルトン（The Palmer House Hilton）ホテルにおいて、第35回日本・米国中西部会日米合同会議が、「技術革新を通した新たな日米協力関係」というテーマのもとに開催されようとしていた。オバノン知事は、9月7日午後5時から、在シカゴ日本国総領事館の総領事公邸で開催されたVIPレセプションに出席した後、筆者と二人だけで護衛官付きの黒塗りのリムジンのゆったりとしたソファーで歓談しながら、同総領事公邸からシカゴ・ボタニカル・ガーデン（Chicago Botanical Garden）に向かい、同午後6時からの歓迎レセプションに臨んだ。オバノン知事は、筆者が紹介する日本からの要人をはじめ、多数の参加者と親しく歓談しながら、いかにも楽しそうな時間を過ごしていた。

　しかしながら、翌9月8日（月曜日）午前9時からの日本・米国中西部会日米合同会議の開会式にオバノン知事の姿は見られなかった。開会直前の会場は何やらざわめいていたが、一部の関係者だけが何か慌てふためいている様子であった。しばらくして同会議の事務局から、オバノン知事が同日早朝に急病のため救急車で救急病院に運ばれたとの発表があった。オバノン知事は、同日明け方、脳卒中で倒れて、シカゴ市内のノースウェスターン（North Western）大学病院に救急搬送され、そこで手術を受けたが、遂に意識が回復することはなかった。それから5日後の9月13日、オバノン氏の生前からの意思にしたがって、遂に生命維持装置が外され、73歳の生涯を終えた。オバノン氏は、党派、人種、宗教、その他諸々のことがらを超越して、インディアナ州民の誰からでも好意を抱かれていた偉大な人物

であった。インディアナ州民は本当に惜しい人を亡くして、深い悲しみに暮れた。地元の『インディアナポリス・スター』紙は、その後、連日、オバノン氏の逝去を悼む記事を掲載し続けた。

　オバノン知事は、結局、16カ月の任期を残したまま急逝した。インディアナ州議会議事堂の西側階段で執りおこなわれた葬儀には5,000人を超える参列者がオバノン氏の逝去を悼んだ。そこは、オバノン氏が州知事として最初に就任式に臨んだ場所であった。この後、オバノン氏の生まれ故郷であるインディアナ州南部の街コリドンで執りおこなわれた葬儀には、3,000人を超える参列者が列を連ね、オバノン氏の最期を見送った[33]。

　ジョセフ・E.カーナン民主党副知事は、オバノン知事が2003年9月8日に病に倒れてから5日後の同9月13日に死去するまでインディアナ州知事代行を勤めた後、9月13日にオバノン知事の逝去の報と同時に、彼のあとを引き継いで、第48代インディアナ州知事に就任した[34]。そして、カーナン新知事は、オバノン前知事のすべての政策をそのまま継承したのであった。

第4節　ジョセフ・カーナン＝キャシー・デイビス民主党体制(2003 - 2004)

第1項　暫定政権

　ジョセフ・E.カーナン第48代インディアナ州知事とキャスリーン・L.デイビス(Katherine L. Davis)副知事が、2003年9月13日にオバノン＝カーナン民主党政権から引き継いだものは、単に政権だけではなかった。8億5,000万ドルという負の遺産をも同時に引き継いだのであった。インディアナ州の財政を支えるものは、連邦政府からの助成金をはじめ、消費税、個人所得税、法人所得税などの税収のほ

か、高等教育授業料や保険料収入などがある[35]。翌2004年11月に州知事選挙を控えて、インディアナ州の財政赤字は、州民の間で常に大きな話題となっていた。前年2002年のインディアナ州政府財政は、201億1,604万ドルの税収に対して、222億516万ドルの支出となり、税収に対して10パーセントもの大幅な赤字財政となっていた[36]。

インディアナ州知事選挙の年の2004年1月の失業率は、5.3パーセントと2年前の2002年1月の失業率と同率に戻していた。インディアナ州を取り巻くアメリカ中西部各州の失業率は、ミシガン州6.9パーセント、イリノイ州6.4パーセント、オハイオ州6.1パーセント、そして、ケンタッキー州が5.7パーセントに落ち込んでいた。インディアナ州の失業率は5.3パーセントに踏みとどまった[37]。

カーナン知事の州議会と州民に対する態度は、きわめて超党派的であった。カーナン知事は、インディアナ州議会とインディアナ州最高裁判所から強力で超党派的な支持を得て、円滑な政権の引き継ぎを執りおこなった。そして、州民に対して、わずかに残された16カ月間だけの短期的な暫定政権であることを打ち消すため、以前にインディアナ州政府の予算局長を勤めた経験のある実務家のキャシー・L.デイビス女史を副知事に指名し、あくまでも実務的な政権であることを強調した。インディアナ州で女性が副知事に選ばれたのは、これがインディアナ州の政治史上、初めてのことであった。保守的なフージアーのなかには、このことに対して、驚きの様子を見せるものもいた[38]。

2004年11月の州知事選挙へ向けて、民主党のインディアナ州知事候補の動向は、シャープさに欠けていた。カーナン知事は、デイビス女史を副知事に選び、しばらく経過してから、ようやく民主党から2004年州知事選挙に立候補する決意を固めた。これは、連邦政府

行政管理予算局長から共和党の州知事候補となったミッチ・ダニエルズ氏が2003年7月7日にすでに立候補の声明を発表してから16カ月の大幅な出遅れとなった。

第2項　2004年州知事選挙

インディアナ州知事選挙の投票予測調査は、まず民主党支持者を喜ばせるものであった。2004年1月15日に地元『インディアナポリス・スター』紙のインターネット版が発表した投票予測調査によると、現職のカーナン知事が、ダニエルズ氏を49パーセント対36パーセントで13ポイントの差をつけて優勢を保持していた[39]。このことは、カーナン知事の州知事立候補声明の出遅れからみて、州民にとっては予想外の展開として受け止められていた。民主党支持者たちにとっては、この傾向がその年の11月2日の選挙投票日まで継続してくれることを願っていた。

2004年5月4日のインディアナ州知事予備選挙では、結果的に共和党が優勢を保った。アメリカでは、共和党のジョージ・W.ブッシュ候補が民主党のジョン・F.ケリー (John F. Kelly) 候補に約2倍の差をつけて優勢を保っている、という結果が報じられていた。そうしたなかでインディアナ州知事の予備選挙では、民主党現職知事のカーナン候補が28万3,924票を獲得したのに対して、共和党候補のダニエルズ氏が32万5,828票を獲得して、すでにダニエルズ氏がカーナン氏を圧倒していた[40]。これはこの年の1月に地元『インディアナポリス・スター』紙が実施した調査結果をすでに大きく逆転していた。この数値は、民主党支持者たちに対して大きなショックであった。その間にも共和党知事候補のダニエルズ氏は、インディアナ州全体をくまなく巡って、地道な選挙運動を展開していた。

第2章　海外直接投資が集中した1980年代以降の党派政治　63

　カーナン知事は、州知事選挙の終盤戦に入ってから、懸命な戦いぶりを見せた。カーナン＝デイビス政権は、できるだけ多数の州民の支持を得るため、あらゆる手段を使って多数の州民との接触を試みようとした。その一つの方法が、当時インディアナ州商務局のスタッフを通じて、インディアナ企業法人1,000社の代表者たちと会って、彼らの意見に熱心に耳を傾け、彼らの要望をインディアナ州の地域経済開発に反映させていこうというキャンペーンであった。これは、インディアナ州商務局によって、インディアナ州全体を12の経済地域に分けて実施したもので、かつて2003年にオバノン＝カーナン体制のもとでおこなわれたエナージャイズ・インディアナ（Energize Indiana）[41]キャンペーンに次ぐ第2弾とも目されるものであった。

　さらに、カーナン＝デイビス政権は、インディアナ州政府の74部局、318の委員会、1,087の顧客サービス部門をより効率的な組織体制に改革するため、すべての州政府職員に対して、積極的に提案するよう呼びかけた。インディアナ州歴史局によると、この改革は、当時、ピーク・パフォーマンス・プロジェクト（Peak Performance Project）と呼ばれていたもので、教育、商務および労働、健康管理、文化および自然環境、公共安全、運輸、市民権、研究および技術、政府金融の九つの部門を対象にしたものであった[42]。

　インディアナ州知事選挙戦で波に乗る共和党の州知事候補ダニエルズ氏は、選挙期間を通じて、誰を副知事に選ぶべきかを考えていた。ダニエルズ氏は、2004年5月12日、副知事候補に州議会上院議員のベッキー・スキルマン（Becky Skillman）女史を選んだと発表した。これに併せて、ダニエルズ氏は商務長官にヴェラ・ブラドレー・デザイン（Vera Bradley Design）社の創立者の一人であるパトリシア・ミ

ラー（Patricia R. Miller）女史を選んだと発表した[43]。さらに、ダニエルズ氏は2004年12月3日、『インディアナ・ビジネス・ジャーナル』紙の社長であるマイケル・S.マウラー（Michael S. Maurer）氏をインディアナ経済開発公社のプレジデントに選んだことも併せて発表した[44]。これによって、共和党候補のダニエルズ氏は、選挙戦においてさらに強烈なイメージをもって臨んだ。期せずして、民主党政権と共和党政権は、ともに副知事候補に女性を選んだが、このこと自体が長いインディアナ州の政治史を通じて初めての出来事であった。

第3項　財政赤字

　カーナン＝デイビス民主党政権に残された16カ月間に、もはや対日直接投資誘致使節団が派遣されることは考えられなかった。カーナン＝デイビス政権は、2003年9月から2004年12月までのわずか16カ月間の暫定政権であり、州知事選挙戦のために多忙を極めていた。そうした繁忙期を通じて、カーナン知事あるいはデイビス副知事のいずれかが、対日直接投資誘致使節団を率いて訪日するということは、明らかに不可能であった。

　しかしながら、これに代わって、インディアナ州政府は、2004年9月22日から同30日まで、商務局のティモシー・モンガー（Timothy Monger）局長が団長をつとめて、約40名からなる対日直接投資誘致使節団を派遣してきた。このことは、直接投資の誘致のために、毎年、日本を訪問しているインディアナ州の各地域の地域経済開発公社や企業の代表者たちが対日直接投資誘致使節団の派遣を州政府に迫った結果によるものであった。インディアナ州の地域経済開発公社と企業の代表者たちのなかには、いわゆる親日家が多く、彼らはいつの時代においても大いにその底力を発揮する強力なパワー・グ

ループである。彼らの力強い支持が、インディアナ州における海外直接投資の誘致に大いに役立っていることは否めない事実である。

この使節団は、滞日中に名古屋で企業誘致セミナーとレセプションを開催して、多数の潜在的な投資企業の代表者たちと面談することができた。このことは、後になってインディアナ州へ工場進出することになった日系企業およびインディアナ州の双方にとって、きわめて意義深いことであった。このように2004年にもインディアナ州から対日直接投資誘致使節団を成功裏に派遣することができた。しかしながら、日本びいきのカーナン知事自身が、再び対日直接投資誘致使節団を率いて来日することは、残念ながらかなわなかった。

インディアナ州知事選挙戦では、いつもながら州政府の財政事情がいちばん大きな話題となるが、ここにいたって、民主党政権にとって突然一つの明るいニュースが出現した。州政府の財政状況については、共和党からすでに破綻してしまった州政府財政として、厳しく非難されるなかで、一つの明るいニュースが民主党陣営に飛び込んできたのである。それは、アメリカの海外直接投資に関する代表的な月刊誌『サイト・セレクション（Site Selection）』の2004年5月号が、インディアナ州を全米の海外直接投資の誘致で第1位にランクしたからである。同誌によると、第1位のインディアナ州に続いて、第2位ケンタッキー州、第3位テキサス州、第4位イリノイ州、第5位オハイオ州、第6位アイオワ州、第7位ニューメキシコ州、第8位ニューヨーク州、第9位バージニア州、そして、第10位テネシー州の順であった。インディアナ州は、第2位のケンタッキー州の114ポイントを大きく引き離して、146ポイントという抜群の成績であった。こうした一筋の明るいニュースは、政権担当の民主党にとって、大いに利用価値があった。民主党は、このニュースをあらゆる場面で大いに

活用した。しかしながら、いっこうに州財政が回復する兆しは見られなかった。結局、6億5,000万ドルの財政赤字を次期政権へ先送りすることになったのである。

第5節　ミッチェル・ダニエルズ＝ベッキー・スキルマン共和党体制（2005〜）

第1項　中央集権化

2004年11月2日の州知事選挙を境に州政府機関には、大きな変化が見られるようになった。この州知事選挙において、共和党のミッチェル・E.ダニエルズ知事候補＝ベッキー・スキルマン（Becky Skillman）副知事候補が、過去16年間続いた現職民主党のカーナン知事＝デイビス副知事候補を破って勝利し、ようやく共和党政権が返り咲いた[45]。共和党の勝因は、何と言っても選挙キャンペーンの初戦における早い出足とともに、強力で新鮮なイメージであった。同時に、従前の民主党政権による大幅な州財政赤字に対する州民の嫌気が増幅されていたことが今回の選挙結果に繋がった。

第49代インディアナ州知事に当選したダニエルズ新知事は、州知事選挙での勝利宣言の後、間髪を入れずトランジション・チーム（Transition Team＝政権移行準備チーム）を州政府の各部署へ送り込むと同時に、他方ではインディアナ州政府の全職員に対して直ちに声明を発表し、それまで継続してきたすべての業務の凍結を指示した。この声明によって、それまで継続されてきた契約業務や支払い業務などすべての州政府業務が凍結され、厳しい中央集権化への傾向が窺えた。

しかしながら、中央集権化への傾向そのものは、情報による中央集権化であった。情報を中央に集中させることによって、政権の中

枢部における少数の限られた頭脳だけで州政府全体の操作が可能となった。ダニエルズ知事の中央集権化は、まさに情報の中央集権化であった。情報の中央集権化は、いろいろな側面において大いにその効果を発揮した。それは、まず種々の改革を進めるための足がかりとなった。そして、全州政府職員の人心の一新を図ることにおいても大いに役立つ手段となった。スポイル・システムが採られているアメリカ政治において、共和党ならびに民主党のいずれの政権担当政党といえども、トランジション・ターム(Transition Term＝政権移行準備期間)において、一時的に情報の中央集権化の傾向が見られるのは止むを得ないことであろう。しかしながら、インディアナ州において、一時的な情報の中央集権化によって、二次的な弊害が発生したことはなかった。

11月初めの州知事選挙直後から翌年1月初めまでのトランジション・タームは、とくに次期政権の首脳陣にとって、もっともせわしい期間である。トランジション・チームは、政権移行準備期間を通じて、州政府の各部署へ深く静かに進行していった。政権は民主党から共和党へ入れ替わったけれども、まだ州政府に居残って今後しばらく州政府の仕事を継続したいという上級スタッフたちにとって、落ち着かない日々が続いた。彼らの間には、いつ新政権の上層部から辞職を勧告されるかも知れないという張り詰めた緊張感がひしひしと感じられた。

一方、上級スタッフたちのなかには、政権移行準備期間を通じて、新たな職場を探して、慣れ親しんだ職場を次々と去っていったものもいた。しかしながら、新たな共和党政権のもとにおいて凍結されたすべての業務は、しばらくの間、まるで凍りついたように何も動かない状態が続いた。凍結されていた業務が動き出したのは、新政

権の発足からおよそ100日以上が経過してからのことであった。その後、政府機関の業務は、徐々にではあるが、確実に始動していった。

　ダニエルズ共和党新知事は、2005年1月10日の就任式に臨んだ。6億5,000万ドルの負の遺産を引き継いだダニエルズ知事は、就任のスピーチのなかで、崩壊したインディアナ州政府財政の建て直しが緊急課題であるとし、狼は入り口にはいないが、洞穴の中に潜んでいると指摘した。また、前民主党政権が、年金安定化基金から資金を引き出して支出し、地元の学校と地方自治体への支払いを先延ばしして、均衡財政を装うために財政的な仕掛けとトリックを使ったとして、前政権の財政運営を厳しく非難した。さらに、ダニエルズ知事は、当時、3万5,000人のインディアナ州政府の全職員に対して、州政府の財政再建に向けてすぐに行動を起こすよう指示した。

　インディアナ州は、2年ごとに予算を計上しており、2年分の予算は約240億位ドルに達する。州の財政赤字は、ダニエルズ知事の手腕によって、1年弱の短期間に、わずかずつではあるが次第に改善が見られるようになった。2005年12月の時点で、6億5,000万ドルの財政赤字から7,420万ドル分が縮小された。インディアナ州民は、州財政が次第に回復しつつあることを知らされ、この傾向を大いに歓迎した。一般的にアメリカの州政府および地方自治体は、単年度均衡予算が義務付けられているところが多く、実際にも州政府および地方自治体を合算した収支で赤字が発生することはほとんど見られない[46]。インディアナ州の場合、2001年7月－2003年6月、2003年7月－2005年6月、2005年7月－2007年6月のように、2年ごとの予算編成システムが採られている。なお、会計年度は毎年7月1日から翌年6月30日までとなっている。

第2項　制度改革の推進

　ダニエルズ＝スキルマン共和党新政権がスタートを切った2005年1月のインディアナ州周辺各州の失業率は、ミシガン州7.1パーセント、オハイオ州5.9パーセント、イリノイ州5.6パーセント、ケンタッキー州5.0パーセント、そして、インディアナ州は5.4パーセントに落ち込んでいた[47]。アメリカ連邦政府は、当時も財政赤字と経常赤字といういわゆる双子の赤字を抱えたままで、そこからまだ脱却できないでいた。インディアナ州の経済もその例外ではなかった。

　ダニエルズ知事が就任以来、最初に改革に取り組んだものは、それまで継続してきたインディアナ州商務局を解体して半官半民の組織に改組し、インディアナ経済開発公社（Indiana Economic Development Corporation）とする改革であった。ダニエルズ氏は、2004年の州知事選挙戦を通じて、彼の選挙演説のなかでこの改革案をたびたび表明していた。そして、2005年2月7日に、インディアナ州議会において、正式にインディアナ州政府商務局からインディアナ経済開発公社へ改革するという法案が通過した。

　それより先の2004年10月20日付けインターネット情報紙『インサイド・インディアナ・ビジネス』によると、ダニエルズ氏は、1999年以降の州政府の実態について、次の5点を指摘していた。第一に、州民一人当たりの所得は少しも改善されず、全米で第29位から第35位に転落した。第二に、州の購買力は少しも改善されず、同じく第29位から第33位に転落した。第三に、州の生産力は少しも改善されず、同じく第29位から第31位に転落した。第四に、州の貧困率は少しも改善されず、同じく第2位から第5位に転落した。そして、第五に、州の高技能・高所得の職場数は少しも改善されず、同じく第3位から第5位に転落した。さらに、ダニエルズ氏は、インディアナ経済

開発公社の業務目標に次の4点を指摘した。第一に、外部からのすべての電話による要望に対して24時間以内に回答する。第二に、通常の情報に関する要請に対して1週間以内に回答する。第三に、業務開発に関して24時間以内に評価を下して担当マネジャーへ引き渡す。第四に、もし、適切なら、評価は5就労日以内におこなう。このようにダニエルズ氏は、四つの業務目標を明らかにした[48]。

ダニエルズ氏は、インディアナ州商務局からインディアナ経済開発公社への改革によって、さらにその機能を増強できると言明していた。この改革案は、6週間にわたる議会会期中の最初の週となる2005年2月7日に下院議会において86票対6票で可決され、また、翌2月8日に上院議会において46票対3票で可決された。いずれも超党派による賛成票多数を以って成立した。そして、翌2月9日にはダニエルズ知事がこの法案に署名して即日発効した。この改革法案の成立によって、ダニエルズ知事は、インディアナ経済開発公社としての新たな組織体が直接投資の誘致と維持において、さらなる迅速性と柔軟性をもって運営されることになると強調して、経済回復のためにきわめて重要な第一歩であると述べた[49]。

インディアナ経済開発公社の陣容は、全体で約70名のスタッフで構成され、そのうち直接投資の誘致を担当する経済開発グループは約35名となった。これは、以前のインディアナ州商務局の陣容約180名に比較して、半数以下の大幅減の陣容となった。この結果、インディアナ経済開発公社に残されたスタッフは、以前の2倍以上の忙しさに対応を迫られることになった。各州政府における商務局の半官半民化という現象は、インディアナ州だけに限らず、他州においても同様な改革がおこなわれつつある。

次にダニエルズ知事は、州内の経済区域の改革に乗り出した。従

前のインディアナ州商務局では、インディアナ州全体を12の経済区域に分割して、各地域に密着した地域フィールド・オフィスを設置し、地域経済の開発と発展に力を入れてきた。しかしながら、ダニエルズ知事は12カ所の地域フィールド・オフィスは、あまりにも数が多過ぎて経費がかさみ過ぎるとして、この12の地域フィールド・オフィスを解体して、その半分の6カ所のフィールド・オフィスに集約した。これらのフィールド・オフィスは、北東部オフィス(フォートウェイン市)、北中央部オフィス(サウスベンド市)、北西部オフィス(メリルヴィル市)(Merrillville)、中央オフィス(インディアナポリス市)、南東部オフィス(ノースヴァーノン市)、そして、南西部オフィス(エヴァンスヴィル市)と改称されるようになった。しかも以前の各フィールド・オフィスのディレクターは、すべて解任され、新たな人材が起用された。

　さらに、ダニエルズ知事は、海外ネットワーク・オフィスの改革に着手した。以前のインディアナ州商務局は、全世界の12カ国・地域に海外ネットワーク・オフィスを擁していた。それは、オーストラリア、ブラジル、カナダ、チリ、中国、オランダ、イスラエル、日本、韓国、メキシコ、南アフリカ、そして、台湾の各オフィスであった。しかしながら、ダニエルズ知事が就任して以来、この海外ネットワーク・オフィスの存立の必要性が厳しく問われ、あらゆる角度から分析がおこなわれ、結局、当該会計年度が終了する2005年6月30日を以って、南アフリカのヨハネスブルグ・オフィスとチリのサンチャゴ・オフィスの二つの海外ネットワーク・オフィスが閉鎖され、10カ国・地域のオフィスだけが従来どおり維持されることとなった。

　しかしながら、これらの海外ネットワーク・オフィスは、イン

ディアナ州政府本部による今後の分析と判断によって、さらなる改革の可能性が残されているという。その後、2006年2月にいたって、それまで約15年間勤務した台湾オフィスのディレクターが更迭され、わずか1カ月の空白の後、同年4月には新任のディレクターが着任した。ダニエルズ＝スキルマン共和党体制下における改革は、インディアナ州内のみに限定されず、海外ネットワーク・オフィスにまで及んだ。

　次に、ダニエルズ知事が取り組んだものは、デイライト・セイヴィング・タイム（Day Light Saving Time System＝夏時間制）とタイム・ゾーンの改革であった。インディアナ州は一つの独立州でありながら、従来から二つのタイム・ゾーンを有する極めて珍しい形態と採っていた。イリノイ州のシカゴに近接するインディアナ州北西部の五つのカウンティー（レイク・カウンティー＝Lake County、ポーター・カウンティー＝Porter County、ラポルテ・カウンティー＝Laporte County、ニュートン・カウンティー＝Newton County、ジャスパー・カウンティー＝Jasper County）ならびに同様にイリノイ州に近接するインディアナ州南西部の五つのカウンティー（ポジー・カウンティー＝Posey County、ヴァンダバー・カウンティー＝Vanderburgh County、ギブソン・カウンティー、ウォーリック・カウンティー＝Warrick County、スペンサー・カウンティー＝Spencer County）は、イリノイ州と極めて密接なビジネス関係があるため、夏季の間、イリノイ州と同一のセントラル・デイライト・セイビング・タイム（アメリカ中央部夏時間制）を採用していた。その他82に及ぶ大多数のインディアナ州内のカウンティーは、一年中変化しない固定した時間制を採用していた。しかしながら、ダニエルズ知事は、消費エネルギーの節約のため、ほとんどのアメリカ各州が採用している夏時間制の採用に踏み切ろうとして、2006年1月、州

議会での検討段階に入った。このようにダニエルズ知事は、就任以来、次々に制度的改革に着手している。

結局、インディアナ州におけるデイライト・セイヴィング・タイム（夏時間制）の議論は、2006年3月30日にいたって、ようやく最終的な結論に達した。その結果、インディアナ州の全92カウンティーが夏時間制の採用を決定した。しかしながら、イリノイ州のシカゴに近接するインディアナ州北西部の七つのカウンティー（レイク・カウンティー、ポーター・カウンティー、ラポルテ・カウンティー、ニュートン・カウンティー、ジャスパー・カウンティー、スターク・カウンティー＝Starke County、パラスキー・カウンティー＝Pulaski County）ならびに同様にイリノイ州に近接するインディアナ州南西部の11のカウンティー（ノックス・カウンティー＝Knox County、デイビース・カウンティー＝Daviess County、マーティン・カウンティー＝Martin County、ギブソン・カウンティー、パイク・カウンティー＝Pike County、デュボイス・カウンティー＝Dubois County、ポジー・カウンティー、ヴァンダバー・カウンティー、ウォーリック・カウンティー、スペンサー・カウンティー、ペリー・カウンティー＝Perry County）の合計18カウンティーは、アメリカ中央部標準時を採用し、残りの74カウンティーは、先の18カウンティーとは別に、アメリカ東部標準時を採用することとなった。インディアナ州における第1回目の夏時間制度の採用は、2006年4月2日の4月第1日曜日から始まった。インディアナ州においては、各カウンティーの住民の意向を尊重して、依然として二つのタイム・ゾーンが存続することになった。

ダニエルズ知事が以前からもっとも関心を抱いていたことは、やはりインディアナ州商務局の改革であった。彼が知事に就任するや否や、いち早くインディアナ州商務局を半官半民の組織に改組し、

最初の商務長官にヴェラ・ブラドレー・デザイン社の創業者の一人であるパトリシア・R．ミラー女史を任命した。ミラー女史は、インディアナ州フォートウェインでヴェラ・ブラッドレー・デザイン社を創設して成功を納めた企業経営者の一人であった[50]。また、ダニエルズ知事は、インディアナ州経済開発公社のプレジデントに『インディアナ・ビジネス・ジャーナル』紙の社長であるマイケル・S.マウラー氏を任命した。マウラー氏は、インディアナ州で複数の企業を経営して、いずれも成功を収めている実業家で、インディアナ州の経済界においては著名人の一人である。彼のインディアナ州政府との契約額は、最初の1年間（2005年1月から同12月まで）にわずか1ドルという現実の相場を度外視した契約内容であった。この契約内容にインディアナ州民は一様に度肝を抜かれた感があった。それにもかわらず、マウラー氏のインディアナ州経済の建て直しに対する熱意は、並外れたものがあった。

ミラー商務長官は、2005年1月以降、最初の1年間だけ商務長官の職にあったものの、その後、2006年1月13日を以って長官の職を辞任し、ヴェラ・ブラドレー・デザイン社の社長兼最高経営責任者として古巣に返り咲くことになった。ミラー長官の辞任については、すでに多数の年間行事を控えて、ミラー長官自らが手がけていた多数のプロジェクトがあり、多方面から有能な長官の辞任を惜しむ声が聞かれた。ミラー長官の後任には、インディアナ経済開発公社のプレジデントを歴任した実力者マウラー氏が就任することになった。

一方、2005年12月14日付けインターネット情報紙『インサイド・インディアナ・ビジネス』によると、ベッキー・スキルマン副知事は、従来のインディアナ州商務局の機構のなかにあったインディアナ・エネルギー・グループとインディアナ州の軍事資産担当部署とを統

合して、新たにエネルギー防衛開発局を発足させた。このようにダニエルズ＝スキルマン新政権は、次々に新機軸を打ち出していった。

第3項　スポイル・システム

アメリカ全体では、全米労働人口約1億3,000万のうち約1,700万人が、直接、連邦政府または地方政府機関で働いているといわれている。1,700万人のうち、約500万人は連邦政府機関で働き、残りの1,200万人は地方政府機関で働いている(51)。インディアナ州では、2005年1月現在、約619万の人口のうち約310万人が就労しており、およそ3万5,000人が州政府機関で働いていた。ダニエルズ知事は、インディアナ州財政の改善を図るため、就任後わずか1年足らずの2005年12月現在、州政府の職員約3,000名を削減したと発表した(52)。この発表によると、インディアナ州政府の職員数は32,000人に減少したことになる。なお、これら3,000名のなかにはレイオフされた者をはじめ、辞職者および退職者が含まれている。

一般的にアメリカ連邦政府ならびに地方政府機関の職員は、スポイル・システム、メリット・システム(Merit System)、そして、フィットネス・システム(Fitness System)の三つのうちの一つの制度によって採用され、かつ管理されている。スポイル・システムのもとでは、選挙で勝利した者たちが選挙を支持してくれた者たちとともに政府機関の要職に就き、いわゆる勝者は猟官者となる。他方、メリット・システムのもとでは、政府機関に就職できる者は、厳しい試験に合格して初めて雇用される。そして、最後にフィットネス・システムのもとでは、形式的にはメリット・システムに類似しており、しかしながら、完全なスポイル・システムでもなく、一般的に何らかの資格としての学位などを有することによって、または政治的に容認

されることによって、初めて正式に雇用されるシステムである[53]。アメリカ連邦政府における局長以上に相当する高級官僚は、大統領によって任命され、政権党が交替する際、原則的に辞職することが慣例となっている。

アメリカでは、連邦政府および地方政府機関を問わず、スポイル・システムが採用されているため、4年ごとの大統領または州知事の選挙結果によって、政府機関での大幅な就労者の異動がおこなわれる。2004年11月のインディアナ州知事選挙の結果、民主党が敗退して、共和党が勝利したが、これによって、それまで州政府機関で働いていたマネジャー・クラス以上の上級スタッフたちは、例外なくすべて職場を去っていった。さらに、民主党支持者であった多数の公務員たちも共和党政権を嫌って自ら職場を去っていった。民主党支持者たちであった彼らに替わって、新たに州政府機関に入ってきた共和党支持者たちは、州知事選挙期間中を通じて、共和党候補を応援してきた者たちであった。この動向を見る限り、民主党政権と共和党政権におけるスポイル・システムの差異は、どこにも見当たらないのである。

アレクシ・ドゥ・トクビルは、アメリカにおけるスポイル・システムについて、著書『アメリカのデモクラシー 第一巻(上)』のなかで、「アメリカでは公務員の身分が不安定であっても、それが他の国で考えられるような弊害を生まないことを認めねばならない。合衆国では、自活の道を見出すのが容易だから、公務員からその地位を奪うことは、彼から楽な生活を奪うことにはなっても、生活手段を取り上げることには決してならない」[54]と述べている。興味深いことに、同原著はすでに1840年に出版されているので、アメリカでは1830年代の建国の途上において、すでにスポイル・システムが芽生

え始めていたことを窺い知ることができる。

　インディアナ州においては、2005年11月の州知事選挙の結果を踏まえて、その時点から約100日間にわたって、あるいはそれ以上の期間にわたって、州政府の機能は完全に停止した感があった。これが、いわゆる業務引き継ぎ期間に当たるトランジション・タームである。政権移行準備をすすめるトランジション・チームは、過去16年間の民主党政権が実行してきたことを詳細に分析し、共和党新政権としての新たな諸政策を構築すべく準備にとりかかった。その間、つまり州知事選挙以降、ダニエルズ新知事の声明によって、それまで継続してきたすべての業務が凍結されたまま取り残されたのであった。

　政権移行準備チームは、手探りの業務運営を試みたものの、遅々として進展が見られなかった。また、政権交替の直後、新たな政策と呼ばれるような政策は何ら打ち出されることはなかった。しかしながら、それはインディアナ州の過半数の選挙民たちが敢えて選択した結果でもあった。そこには6億5,000万ドルもの財政赤字を生み出した民主党前政権に対する嫌気が存在していたことは否めない。インディアナ州における民主党支持者と共和党支持者は、数の上でほぼ拮抗しているといわれている。州政府の財政赤字は、民主党政権による政策運営に起因するものばかりではなかった。全米を襲った経済不況の要因による影響が、より大きかったといえよう。経済的な痛手を蒙ったのは、単にインディアナ州だけではなく、アメリカ全州にわたっていたのである。

　新政権発足直後のインディアナ州政府の各部局は、外部からの問い合わせに対して、即答できることはそれほど多くはなかった。それは、前政権で業務に精通していた実務家たちが、すでに職場を去っ

てしまっていたからである。政権交替によって、実に多数の有能な人材が流出していったのは事実である。彼らはその高い能力とともに長年にわたるトレーニングによって、効率的に業務を遂行できる能力を兼ね備えていた。インディアナ州では、619万人の州民の約半分ずつが共和党と民主党に分かれているといわれているが、民主党支持者である約半分の州民の間からは、新政権に対して次第に苛立ちの声が聞かれ始めていた。また、そうした声は次第に増幅されていった。

新政権にとって、業務の実務家たちに代わる必要な人材の募集とその採用にも多くの時間が必要であった。州政府機関で働くマネジャー・クラス以下の職員たちは、業務引き継ぎ期間、ただ日常のルーティーン・ワークをこなすだけで、何も新たなプロジェクトに取り掛かることはできなかった。そのことは、ダニエルズ知事の知事選挙直後の声明によって、すべての新たな契約業務が凍結されていたからである。これらは、すべてスポイル・システムがもたらす最大の弊害であった。スポイル・システムによる弊害は決して軽微なものではなかった。

しかしながら、過去4期16年に及ぶ民主党政権のもとでの州政府のなかで、次第に働く活気を見失い、マンネリズムに陥りかけていた人材に退席を迫り、時として敢えて古い体制を根底から覆して人心を一新し、よりよい希望に満ちた将来に向けて改革を進めていくことは、必ずしも無駄なことではないといえよう。一方、共和党政権下においてもまったく同様なことがいえるであろう。ともあれ、納税者たる州民は、州政府に対して常に州政府の改革と前進を希求して止まないのである。

第2章　海外直接投資が集中した1980年代以降の党派政治　79

第4項　大規模な対日直接投資誘致使節団

　2005年1月に時点において、早くもインディアナ州政府による対日直接投資誘致使節団の派遣について、いくつかの実現の可能性が話題となっていた。

　第一に、ダニエルズ知事自身が日本市場に対する非常に強い関心を抱いているという事実であった。それは、ダニエルズ知事の父ミッチ・ダニエルズ・シニア(Mitch Daniels, Sr.)が1988年にインディアナ日米協会の設立メンバーの一人であったということに起因している。そして、ダニエルズ知事自身は、1993年から2001年までインディアナポリスに本拠をおくアメリカの代表的な医薬品メーカーであるイーライ・リリー(Eli Lilly)社の上級副社長をつとめていた期間、頻繁に同社の日本支社(神戸市)を訪問しており、日本に対して非常に強い親近感を抱いていたということであった[55]。

　第二に、インディアナ州政府は、毎年、対日直接投資誘致使節団を派遣しており、このことがいわば慣例化しているという事実であった。

　第三に、インディアナ州政府が州内各地域の地域経済開発公社を中心とする海外直接投資の各誘致団体から強力な対日使節団派遣の要請を受けていたという事実であった。

　第四に、さらに、2005年3月25日から同9月25日までの6カ月間にわたって愛知県で地球環境保護をテーマとした日本万国博覧会が開催されており、インディアナ州政府はインディアナ大学(Indiana University)やパデュー大学など複数の州内の大学を通じて、トヨタ自動車からその前年に何がしかの補助金を受け取っていて、同社から日本万国博覧会に参加するよう強力な招請を受けていたのであった。このため、インディアナ州政府としては、前民主党政権の時期

から、日本万国博覧会への参観を兼ねて、対日直接投資誘致使節団の派遣を早くから考慮していた経緯があった。

ダニエルズ＝スキルマン体制になって、2005年度のインディアナ州政府による対日直接投資誘致使節団の構成は、実に約90名からなる史上最大級の規模となり、同年8月2日から同7日までの6日間にわたって訪日し、直接投資誘致の目的のために積極的な活動を展開したのであった。

同使節団のメンバーには、団長をつとめるダニエルズ知事をはじめ、インディアナ州経済開発公社のパトリシア・ミラー長官、同公社プレジデントのミッキー・マウラー氏、州議会上下両院議員、各市の市長、大学、企業、銀行、各地域経済開発公社の代表たちが含まれていた[56]。一行はこの期間に、まず、姉妹州・姉妹県の関係にある栃木県の福田富一知事を表敬訪問し、ついでに世界遺産となった日光の東照宮を視察した。

東京では、潜在的な投資企業の表敬訪問の傍ら、企業誘致セミナーとレセプションを開催して、多数の潜在的な進出企業の代表者たちに面談する機会を得ることができた。同様に名古屋においてもインディアナ州へ投資している企業の本社を表敬訪問する傍ら、日本万国博覧会会場内のアメリカ館において、企業誘致セミナーとレセプションを開催して、ここでも多数の潜在的な進出企業の代表者たちに面談することができた。このことは同使節団にとって多大な成果であった。

ダニエルズ知事にとっては、2005年8月の対日直接投資誘致使節団の派遣がきわめて大きな成果を上げることができたことで、続く2006年3月には、早々に同様の使節団の派遣を決定した。2005年度の使節団の派遣対象国・地域が台湾ならびに日本であったのに対し

て、2006年度の使節団の派遣対象国を日本および韓国に決定した。2006年の使節団は、6月18日から同24日まで日本に滞在し、6月24日から同28日まで韓国に滞在することとなった。2005年度の使節団の構成が約90名に及んで統率に苦慮した経験から、2006年度の使節団は、前年の約半数の構成人員に抑制することが決定された。

　ダニエルズ知事にとって、第2回となる対日直接投資誘致使節団は、約35名の陣容で構成され、予定どおり2006年6月18日から同24日までの1週間にわたって訪日し、すでにインディアナ州へ投資している日本企業の本社を表敬訪問して、インディアナ州への投資に対する感謝の意を表するとともに、さらなる投資拡大を呼びかけた。ダニエルズ知事は、表敬訪問の席上、各社の経営トップに対して、インディアナ州の投資環境の特長を詳細に説明するとともに、インディアナ州政府として可能な限りの支援を惜しまないと表明した。第2回目の対日直接投資誘致使節団の訪日に際して、同6月21日に群馬県太田市でダニエルズ知事主催のレセプションを開催して、ダニエルズ知事をはじめ、使節団メンバーは、多数の潜在的な直接投資企業の代表者に面談して、潜在的な日系投資企業のインディアナ州への誘致の可能性に自信を深めたのであった。また、同6月23日にトーマス・シーファー(Thomas Schieffer)駐日アメリカ大使公邸で開催されたシーファー大使夫妻主催のレセプションでは、多数のインディアナ州の関係者およびインディアナ州へ投資している日系企業の代表者らが参集して、和やかに再会を祝った。

　ダニエルズ＝スキルマン共和党体制に替わって以降、2年目に突入したインディアナ州政府のマイケル・マウラー商務長官に対する契約金額は、驚くほど低額なものであった。インディアナ州知事として2回目の来日を果たしたダニエルズ知事は、群馬県太田市で開

催されたレセプションのあいさつの席上で、マウラー長官を参加者に紹介しながら、インディアナ州政府とマウラー長官との契約金額が2年目(2006年1月から同12月まで)に入ってわずか50セントであることを明かにした。会場からは、一瞬、不可解などよめきが沸き起こった。ダニエルズ知事は、この契約金額なら自分のポケット・マネーからでも賄えるかの知れないと述べて会場を沸かせたが、マウラー氏にとって商務長官という地位は金銭に換えられない次元のものであった。実業家としてのマウラー氏にとっては、インディアナ州政府から支払われる契約金額など、当初から眼中になかったのである。マウラー長官の1年目(2005年1月から同12月まで)のインディアナ州政府との契約額は1ドルであったが、2年目に入ってさらにその半額となったことがこの時点で明らかとなった。この背景に、マウラー商務長官は、弁護士業を営む傍ら、インディアナポリス中心部の大規模商業ビルのオーナーやインディアナポリス国際空港を拠点とするチャーター便航空会社のオーナーでもあった。

第5項　日本市場の重視政策

　ダニエルズ知事の日本への関心の度合いは、並外れて大きいものであった。ダニエルズ知事は、約90名からなる2005年度の対日直接投資誘致使節団を率いて、知事就任後初めて訪日した。この大規模な使節団は、インディアナ州政府の歴史上初めてのことで、インディアナ州および日本の関係者の間で後々語り種となった。例えば、インディアナ州では各地域経済開発公社の代表者たちの間で、また、日本ではアメリカ州政府協議会の代表者たちの間で話題となった。ダニエルズ知事は、対日直接投資誘致使節団に引き続いて、2005年9月11日から同13日までの3日間にわたって、オハイオ州シンシナチ

で開催された日本・米国中西部会第37回日米合同会議に参加して、開会式でスピーチをおこなうなど積極的な対日外交を展開し、日本への関心の高さを示した[57]。

同様に、ミラー商務長官は、第37回日米合同会議の閉会式におけるスピーチのなかで、第38回日米合同会議が2006年9月10日から同12日までインディアナポリスのマリオット・ホテルで開催されることを正式に表明して、会議参加者に対して言葉巧みに同大会への積極的な参加を呼びかけた。このように、インディアナ州政府は日本との関わりに積極的な姿勢を内外に表明する形となった。インディアナ経済開発公社のプレジデントであるミッキー・マウラー氏も第37回日米合同会議を通じて同様に盛んな外交活動を展開した。

ダニエルズ知事は、その後も地元インディアナ州における日系進出企業による生産設備拡張のための式典や雇用増大に繋がるようなイヴェントに積極的に参加し、日系進出企業の代表者たちの声に耳を傾けた。また、現地インディアナ州において操業している日系進出企業の代表者たちとも情報を交換し、さらに、ダニエルズ知事に面談を申し入れてくる日系進出企業の代表者たちとの面談にも快く応じた。これら一連の活動によって、ダニエルズ知事の日本市場重視の姿勢は確かなものとしてインディアナ州民に受け止められるようになった。こうしたダニエルズ知事の姿勢は、何よりもインディアナ州における海外直接投資の誘致推進派の人々をひと安心させるものであり、同時に彼らを元気づけるものであった。

ここで、ダニエルズ知事が、日本重視の政策を採るようになった背景を検証してみたい。第一に、ダニエルズ知事はこれまでにたびたび来日の経験があり、しかも多数の既知が日本に存在し、日本に強い関心を抱いていたことであった。これは従前の多くの知事がそ

の地位に就任して初めて訪日するのとは大きな違いがあった。従前の知事は、残念ながらその地位に就くまで、一度も訪日の経験を持っていなかった。日本に対して直接的な関心や動機がなければ、州知事就任以前にわざわざ日本を訪問することはあり得ないということであった。しかしながら、ダニエルズ知事の場合、そうではなかった。

　第二に、ダニエルズ氏が州知事に就任した2005年1月現在、すでに多数の日系企業がインディアナ州へ工場進出しており、約5万6,000人の現地労働者がそれらの企業に雇用されていたという事実であろう。そこにはすでに日系進出企業によるインディアナ州の地域経済に対する多大な貢献があり、その既成事実は決して無視できないほど大きな存在となっていたことである。

　第三に、ダニエルズ知事は日本の経済力や企業の活力からみて、将来においても同様に日系企業によるインディアナ州への企業進出が続くことを期待していたのである。実際に日本経済はダニエルズ氏が州知事に就任した2005年1月ごろから次第に上昇軌道に転じ始め、わずかながら明るい兆しが見え始めていた。景気の上昇傾向は、消費の拡大を招き、自動車各メーカーは、次の拡大を目論んでいた。

　そして、第四に、1996年5月の第1回対日直接投資誘致使節団の訪日以降、毎年、同使節団に参加している直接投資の誘致推進グループによって、ダニエルズ知事に対して、日系の潜在的な進出企業の活発な動向に関する情報のインプットがあった。かねてから、日系の進出企業と直接的に接触している彼らの意見は、ダニエルズ知事にとってきわめて説得力のあるもので、非常に大きなインパクトとなった。

　以上四つの事由から、日本市場の重視という点において、ダニエルズ知事の日本市場に対する見解は、従前の政権担当リーダーたち

に比較して、並外れて強烈なものがあったのである。

第6項　政治的パフォーマンス

　ダニエルズ知事が政権を担当した最初の1年間に、インディアナ州の経済は、次第に明るさを取り戻してきた。ダニエルズ知事の政権就任後、1年が経過した2006年1月、自らの経済政策が成功裏に推移したことを強調した。それによると、インディアナ経済開発公社によって、2005年中に142件の経済開発プロジェクトおよび162件の従業員技術教育訓練ならびに増設工事プロジェクトを完成させ、4万7,000以上の職場維持に努め、さらに1万8,500の新しい職場を創出した。そして、インディアナ州政府のインセンティブによって、2005年中のインディアナ州における約38億ドルの私的資本投資に対して良好な影響を及ぼすことができた。これらのプロジェクトのうち、142件の経済開発プロジェクトは、前インディアナ州商務局から引き継いだものであった。これらのプロジェクトは、他州との誘致競争によって、インディアナ州が勝ち取った2003年および2004年のプロジェクトである。インディアナ州にとっては、こうした新規の海外直接投資の誘致競争において、インディアナ州の競争力を誇示するよい機会となった。ダニエルズ知事はこのように述べて、インディアナ州の優位性を強調した[58]。

　2003年および2004年度の直接投資プロジェクトを前政権から引き継いで、その後の処理を首尾よく収めることができたことは、インディアナ州全体の経済開発にとってきわめて歓迎すべきことであった。インディアナ州民は、この発表に対して、一様に現政権が懸命に努力していることを認識し、残りの3年間あるいは2期目を含む7年間を通じて、さらにインディアナ州の経済的な発展を強く希望

した。とくに、インディアナ州民が希望していたものは、州政府の大幅な財政赤字をできるだけ早急に解消して欲しいということであった。インディアナ州民は、それが容易ではないことを十分に認識していた。そして、インディアナ州政府財政の赤字解消のためには、さらなる時間が必要であることも認識していた。

2006年の末にいたって、ダニエルズ＝スキルマン共和党政権は、政権奪還後、わずか2年足らずの間に、奇跡ともいえる6億5,000万ドルの財政赤字の解消に近づいていた。このことは、インディアナ州民にとって大きな喜びであった。このことがインディアナ州民の間に知られるようになったのは、2006年11月のアメリカ大統領の中間選挙がおこなわれた時期と相前後しており、イラク紛争におけるアメリカ軍の不利な形勢を理由に大幅に議席を減らしたブッシュ共和党政権がもっとも打ちのめされていた時期に、インディアナ州ではダニエルズ＝スキルマン共和党政権が、高い人気を保持していたのである。

ダニエルズ知事が採った赤字財政の目に見える解消方法は、まず、州政府職員3万5,000人を3,000人削減して、給与支払額を大幅に減じたことであった。また、州政府が所有していた自家用車の実態を見直し、自動車関連経費を大幅に倹約したことであった。さらに、その他あらゆる分野における予算の見直しおこない、経費削減に努力した。そして、新たな改革案を立案して、一つひとつ着実に実行していった。

ダニエルズ知事は、一方で政治的なパフォーマンスも窺わせた。2006年4月17日朝の『CNN』のテレビ・ニュース番組では、ダニエルズ知事がイースターの休日を利用して、突然、紛争中のイラクを訪問し、インディアナ州出身の兵士を激励する模様が映し出されて、

一様にインディアナ州民を驚かせた。同放送によると、ダニエルズ知事は、この後、同様に紛争中のアフガニスタンを訪問して、インディアナ州出身の兵士を激励するということであった。たまたまインディアナポリスを訪問中であった筆者は、ダウンタウンにあるラディッソン・ホテルの一室で『CNN』のニュースを目の辺りにして、ダニエルズ知事の政治的行動パターンの一端を窺い知ることができた。政治家が政治的なパフォーマンスで自らを誇示するのは当然のことであるが、ダニエルズ知事のこうした一連の行動は、明らかに次期政権への再出馬を睨んだもので、2006年の中間選挙を意識した政治的な意図がまざまざと窺えるものであった。

【注】
（1） Indiana Historical Bureau: http://www.statelib.lib.in.us/www/ihb/govportraits/bowen.html
（2） Indiana Historical Bureau: http://www.statelib.in.us/www/ihb/govportraits/orr.html
（3） U.S. Department of Labor: *Unemployment rates by State, seasonally adjusted January 1980*; www.bls.gov. William H. Hudnut III: *The Hudnut Years in Indianapolis, 1976-1991*, Indiana University Press, Bloomington, 1995, p.x
（4） Paul Brace: *State Government & Economic Performance*, The Johns Hopkins University Press, Baltimore, 1994, p.1, p.29, p.51
（5） 村田晃嗣『プレイバック1980年代』(文春新書、2006年、p.82)
（6） 社団法人日本自動車工業会『2003-2004自動車ガイドブック』(社団法人日本自動車工業会、2003年、p.446-p.458)
（7） U.S. Department of Labor: *Unemployment rates by State, seasonally adjusted, January 1984-1988*; www.bls.gov
（8） Indiana Economic Development Corporation: www.in.gov/iedc/why/
（9） The Federal Reserve Bank of Chicago: *The Great lakes Economy−A Resource And Industry Profile Of The Great Lakes States*, Harbor House Publishers, Inc., Boyne City, 1985, p.v
（10） The Federal Bank of Chicago: *The Great Lakes Economy−A Resource And Industry Profile Of The Great Lakes States*, Harbor House Publishers, Inc., Boyne

City, 1985, p.v.
(11)　Indiana Chamber of Commerce: *Here Is Your Indiana Government–2005-2006 Edition*, Indiana Chamber of Commerce, Indianapolis, 2005, p.304. David R. Berman: *State and Local Politics–Ninth Edition*, M.E. Sharpe, Armonk, 2000, p.145
(12)　The Indianapolis Star: http://www2.indystar.com/library/factfiles/b/bayh_evan/bayh.html
(13)　U.S. Department of Labor: *Unemployment rates by State, seasonally adjusted, January 1989-1996*; www.bls.gov
(14)　Democratic Leadership Council: *U.S. Senate Evan Bayh*: http://www.dlc.org/ndol_ci.cfm?kaid=137&subid=281&contented=3180
(15)　Indiana Historical Bureau: http://www.statelib.in.us/www/ihb/govportraits/bayh.html
(16)　Thomas R. Dye: *Politics In States And Communities–Tenth Edition*, Prentice-Hall, Inc., Upper Saddle River, 2000, p.254-p.255. Democratic Leadership Council: http://www.dlc.org
(17)　Indiana Historical Bureau: http://www.statelib.in.us/www/ihb/govportraits/bayh.html
(18)　Indiana Historical Bureau: http://www.statelib.lib.in.us/www/ihb/govportraits/fobannon.html
(19)　Indiana State Government: http://www.state.in.us/gov/bio/index.html
(20)　The Indianapolis Star: wysiwyg://18/http://www.indystar.com/print/articles/2/027733-1932-P.html
(21)　U.S. Department of Labor: *Unemployment rates by State; seasonally adjusted, January 1999*; www.bls.gov
(22)　Indiana Historical Bureau: http://www.statelib.in.us/www/ihb/govportraits/fobannon.html
(23)　Indiana State Government:http://www.state.in.us/gov/bio/index.html
(24)　U.S. Department of Labor: *Unemployment rates by State; seasonally adjusted, January 2001*; www.bls.gov
(25)　Indiana Department of Revenue: *Multi-State Streamline State Tax Project*
(26)　Indiana Historical Bureau: http://www.statelib.lib.in.us/www/ihb/govportraits/fobannon.html
(27)　U.S. Department of Labor: *Unemployment rates by State, seasonally adjusted, January 2002-2003*; www.bls.gov
(28)　U.S. Department of Commerce–U.S. Bureau of Census: http://quickfacts.census.gov/qfd/states/18000.html, http://www.census.gov/govs/states/02rans.html

第2章　海外直接投資が集中した1980年代以降の党派政治　89

(29) The Indianapolis Star: December 10, 2002, p.1
(30) The Indianapolis Star: http://www.indystar.com/print/articles/4/007328-6644-P.html
(31) The Indianapolis Star: wysiwyg:///85/http://www.indystar.com/
(32) http://www.in.gov/gov/bio/index.html
(33) Indiana Historical Bureau: http://www.statelib.lib.in.us/www/ihb/govportraits/fobannon.html.
The Indianapolis Star: http://www.indystar.com/print/articles/2/072446-7022-P.html
(34) Indiana Historical Bureau: http://www.statelib.lib.in.us/www/ihb/govportraits/kernan.html
(35) Michael Engel: *State & Local Government−Fundamentals & Perspectives*, Peter Lang, New York, 1999, p.198-p.200
(36) U.S. Department of Commerce−U.S. Bureau of Census: ttp://www.census.gov/govs/state/02rank.html
(37) U.S. Department of Labor: *Unemployment rates by State, seasonally adjusted, January 2004*; www.bls.gov
(38) Indiana Historical Bureau: http://www.statelib.lib.in.us/www/ihb/govportraits/kernan.html
(39) The Indianapolis Star: http://www.indystar.com/articles/7/111741-7057-P.html
(40) Indiana State Government: http:www.in.gov/serv/sos_primary04?page-office&countyID=-1&P
(41) Inside Indiana Business: http://www.insideindianabusiness.com/newsitem.asp?id=10698
(42) Indiana Historical Bureau: http://www.statelib.lib.in.us/www/ihb/govportraits/kernan.html
(43) Inside Indiana Business: http://www.insideindianabusiness.com/newsitem.asp?id=10982
(44) Indianapolis Business Journal: http://trinity.ibj.com/newdaily2/
(45) Indiana State Government: http://www.in.gov/gov/hostory/index.html. Indiana Chamber of Commerce: *Here Is Your Indiana Government−2005-2006 Edition*, Indiana Chamber of Commerce, Indianapolis, 2005, p.304
(46) Indiana State Government: http://www,in.gov/gov/issues/economy.html. Inside Indiana Business: *Inside Edge E-Newsletter*, December 15, 2005. Inside Indiana Business: InsideIndianaBusiness.com Report
(47) U.S. Department of Labor: *Unemployment rates by State, seasonally adjusted, January 2005*; www.bls.gov

(48) Indiana Economic Development Corporation: www.iedc.IN.gov. State of Indiana–Indiana Department of Commerce: *Building Better Communities–2004 Community Assistance Program*, Indiana Department of Commerce, Indianapolis, 2004, p.1
(49) State of Indiana–Indiana Department of Commerce: *2002 Annual Report–International Trade*, Indiana Department of Commerce, Indianapolis, 2002, p.4-p.5. Indiana Economic Development Corporation: www.iedc.IN.gov
(50) Indiana State Government: http://www.in.gov/gov/issues/economy.html
(51) Robert S. Lorch: *State & Local Politics - The Great Entanglement–Sixth Edition*, Prentice-Hall, Inc., Upper Saddle River, 2001, p.337
(52) Indiana State Government: http://www.in.gov/gov/issues/economy.html. Inside Indiana Business: InsideIndianaBusiness.com Report
(53) Robert S. Lorch: *State & Local Politics–The Great Entanglement–Sixth Edition*, Prentice-Hall, Inc., Upper Saddle River, 2001, p.338
(54) Alexis de Tocqueville: *Democracy in America*. 松本礼二訳『アメリカのデモクラシー 第一巻(上)』(岩波書店、2006年、p.210-p.211)
(55) http://en.wikipedia.org/wiki/Mitch_Daniels
(56) Inside Indiana Business: InsideINdianaBusiness.com Report (July 29, 2005)
(57) 日本・米国中西部会事務局『日本・米国中西部会第37回日米合同会議報告書』(日本・米国中西部会事務局、2005年、p.48)
(58) Inside Indiana Business: insideindianabusiness.com Report (May 1, 2006)

第3章　州政府と地域の協働

「今日アメリカ社会を支配している政治的諸大原則は、州で生まれて州で発展したものである。それは疑問の余地のないことである。したがって、州以外の他の残りのすべてのものを理解する鍵を手にいれるために、まず知らねばならないものは州である」[(1)]。フランスの政治家であり、歴史家であったアレクシ・ドゥ・トクビルは、著書『アメリカの民主政治』のなかで、このように述べて、州がアメリカの大原則であると位置づけている。事実、アメリカ連邦政府が、海外直接投資の誘致において、州政府に対して支援してくれるものは皆無である。これは、日本政府が省庁をあげて各都道府県における海外直接投資の誘致活動を全面的に支援しているのとは大きな違いである。もし、アメリカ連邦政府と各州政府の間に何らかの関係があるとすれば、アメリカ法務省の移民帰化局（Immigration and Naturalization Service）が管轄する外国労働者に対するヴィザ（査証）の発給のみである。それ以外のことがらは、一切、無関係である。インディアナ州には、行政上、全部で92のカウンティーがあり、その中に各市、タウン、タウンシップ、学校区などが相互に重なり合いながら存在している。インディアナ州政府は、これら92のカウンティーを管轄している。今日、利害の異なるそれぞれのカウンティーならびに各地域経済開発公社などの間に立って、中立的な立場で指導力を発揮できるのが州政府機関である。海外直接投資の誘致政策

を推進する上で、州政府の指導力が問われる所以である。本章では、インディアナ州の地域経済開発における州政府の果たすべき機能と役割とは何であるか、州政府がどのような機能を発揮し、どのような役割を果たし得るかについて多角的に論及する。同時に、各地方自治体ならびに第三セクターの各団体が、それぞれ利害が相対する独自の立場において、どのような機能と役割を果たし得るかについて論究していきたい。

第1節　州政府のリーダーシップ

第1項　基幹産業と将来像

　1980年代初頭のインディアナ州の経済事情は、極めて深刻な状態であった。インディアナ州は1980年代の初め、全米を襲った深刻な経済不況の波に飲み込まれていた。1980年のインディアナ州の年間平均失業率は6.8パーセントで、翌1981年には9.3パーセントへ急速にしかも大幅に上昇し、さらに、1982年には11.9パーセントと1割のラインを超えていた。そして、翌1983年には遂に12.7パーセントという想像もしなかった経済不況に見舞われた[2]。

　インディアナ州政府は、この四半世紀にわたって、地域経済開発の推進に努力してきた。経済がひっ迫している時期に、インディアナ州内の産業だけに依存して州財政の建て直しを図ろうとしても困難であると判断した州政府は、こぞって海外直接投資を誘致する政策へ傾斜していった。1981年1月、インディアナ州の第45代知事に就任したロバート・D.オア氏は、経済的な潜在力を蓄えた活気のある日本企業を誘致するため、就任直後からたびたび日本を訪問するようになった。また、ジョン・マッツ副知事もオア知事と交互にた

びたび来日し、日本企業を訪問してインディアナ州への投資を呼びかけた。1980年代初めには、まだ州政府が対日直接投資誘致使節団を派遣することはなく、各分野からそれぞれの個々人がそれなりの思惑を胸に抱いて個別に来日し、日本企業の誘致を模索している時代であった。

　1980年代初頭、当時のインディアナ州の基幹産業とは、鉄鋼産業と自動車関連産業を基盤とするものであった。主要工業製品は、鉄鋼、モービルホーム、トレーラーハウス、キャンピングカー、ラジオ・テレビ、原動機、電気コイル・変圧器、トラック・バス車体、エレベーター・エスカレーター、電気冷蔵庫、自動車用部品、冷暖房機器、医薬品、医療機器、プラスチックス、航空機用エンジンなどであった。つまり、主要産業としては、鉄鋼産業、自動車産業、電気機械産業、医薬品・医療機器産業、プラスチックス産業、航空機産業などに集約されていたのである。これらの産業分野は、将来、海外直接投資が出現した場合、地場産業とうまく共存できると予測されていた。振り返ってみれば、過去の約四半世紀にわたって、海外直接投資の誘致を推進してきたインディアナ州の基本方針は、決して間違ってはいなかったといえよう。なぜならば、日本をはじめ、英国、ドイツ、カナダ、フランス、アイルランド、オランダなどから、これらの産業分野における海外直接投資の誘致が大きな成功を収めてきたからである。

　その後、ダニエルズ＝スキルマン共和党体制に入ってから、インディアナ州における基幹産業の将来像は、次第に変化の兆しを見せ始めた。従前のインディアナ州における基幹産業育成としての基本方針は、2005年1月にインディアナ州の第49代知事に就任したダニエルズ知事によって、大きく方向転換を迫られることとなった。ダ

ニエルズ知事が打ち出したインディアナ州の基幹産業分野は、ライフサイエンス、先進的製造およびインフォメーション・テクノロジー、貨物輸送・ロジスティックス・流通、再生可能燃料、農業および農業関連ビジネス、モータースポーツの6分野に焦点が絞られた。インディアナ州民が、これら6分野を好むと好まざるに拘わらず、ダニエルズ=スキルマン共和党体制のもとにおいて、2005年1月から少なくとも2008年12月までの1期4年間、もしくは2012年12月までの2期8年間にわたって、新たな基本方針が貫かれることになった。

　ダニエルズ知事が打ち出したインディアナ州における基幹産業の各産業分野に関して、次にインディアナ州の産業的背景との関係について考察してみることにする。まず、インディアナ州におけるライフサイエンスの基盤については、1876年にイーライ・リリー大佐によってインディアナポリスに創立された医薬品製造業で世界的に著名なイーライ・リリー社がある[3]。インディアナ州にはイーライ・リリー社を中心とする多数の医薬品および医療機器の製造業が存在する。先進的製造業およびインフォメーション・テクノロジーの基盤に関しては、本来、インディアナ州は製造業の基礎の上に立っており、それらを醸成する潜在性は十分にあるものと考えられる。貨物輸送・ロジスティックス・流通の基盤に関しては、州都インディアナポリスには7本のインターステート・ハイウェイが集中する点で全米唯一の交通の要衝である。インディアナポリスから車で24時間走ると、全米消費人口の60パーセントをカヴァーでき、海外からの直接投資に最適な位置にある。再生可能燃料の基盤については、現在、各企業や大学でエタノールを利用した再生可能な燃料の研究が盛んである。農業および農業関連ビジネスの基盤に関しては、パデュー大学が全米の農業技術分野の先端をゆき、パデュー大学リ

サーチ・センターを中心にしたパデュー・リサーチ・パーク(Purdue Research Park)において農業関連技術分野に関する研究が推進されている。モータースポーツの基盤については、1909年にジェームス・A.アリソン(James A. Allison)らによってインディアナポリスに設立されたインディアナポリス・モーター・スピードウェイ(Indianapolis Motor Speedway)社があり、これが後になって、毎年5月のメモリアル・デイに、インディー500マイル自動車レースを開催するようになったという経緯がある[4]。それほどインディアナ州とモータースポーツとの間には深い関係がある。いずれの基幹産業もインディアナ州の基盤のなかに存在するものであると考えてよい。

第2項　工業団地のインフラストラクチャー

インディアナ州におけるインフラストラクチャーの開発は、州政府をはじめ、各カウンティーならびに地域経済開発公社などの第三セクターの協働作業によるものである。インディアナ州における工業団地の開発は、地域経済の活性化を目指して、海外ならびに他州からの直接投資の誘致を図る目的で、1980年代に入って急速に始まった。各カウンティーでは、地域の経済開発を目指して設置されている地域経済開発公社が中心となり、それぞれのカウンティーで工業団地の開発が進められた。インディアナ州の工業団地とは、すべて平地化され、工業団地には必要なインフラストラクチャーが完備され、購入者が「すぐに工場を建設できるように整地された状態の工業団地」(Shovel-Ready Industrial Park)ということが条件である。

インディアナ州の工業団地におけるインフラストラクチャーとは、当然、工場のオペレーションに必要な電気配線、上水道配管、下水道配管、天然ガス配管、電話配線、それに高速インターネット配線

が含まれる。各地域の経済開発公社では、それぞれ各地域の電力供給会社、上水道局、下水道局、天然ガス供給会社、そして、電話会社と協働して、各工業団地を取り囲む道路わきの地下にこれらの配管と配線の施設を整備する。もちろん州内には複数の電力、天然ガス、上水道、下水道、電話会社があり、各地域の地域経済開発公社は、もっとも安価で安定供給してくれる供給会社を自由に選択することが可能になっている。

インディアナ州内の電力供給会社は、地域によって、シナジーPSI社、ヴェクトレン(Vectren)社、フージアー・エネルギー(Hoosier Energy)社、ワバッシュ・ヴァレー・パワー(Wabash Valley Power)社、インディアナ・ミュニシパル・パワー(Indiana Municipal Power)社、インディアナポリス・パワー・アンド・ライト(Indianapolis Power & Light)社、アメリカン・エレクトリック・パワー(American Electric Power)社等々がある。複数のエネルギー供給会社の自由競争は、消費者に対して安価で安定したエネルギーの供給を保障している。アメリカで工業団地を購入した投資企業は、電力自由化の原則に従って、地域や州をまたいで安価なエネルギーを購入することが可能である。

インディアナ州におけるこれらの工業団地の価格は、条件によって千差万別である。インディアナ州の工業団地の価格は、2006年1月現在、1エーカー(約1,224.12坪)当たり平均1万ドルから3万ドル程度で分譲販売されている。工業団地の価格は、一般的に都市部に近いほど割高となり、都市部から遠く離れるほど割安となる。したがって、このような分譲価格差が現われるのである。インディアナ州における唯一の国際空港であるインディアナポリス国際空港に近接の工業団地がいちばん割高となる。また、前述のように、平地化のた

めの工事が困難な岩盤の上などの工業団地は、平地化にそれだけ余分なコストを要しているため、その分だけコストが割高となる。岩盤の上の工業団地の分譲価格は、都市部から遠く離れていても驚くほど割高となることがある。

インディアナ州議会は、1971年、建築用資材として利用されるライムストーン（Limestone＝石灰石）を"インディアナ州の石"として制定しているが、ライムストーンを産出するインディアナ州南部の一部地域の工業団地の分譲価格は、開発のために多額の経費を要することから、他の地域の工業団地の分譲価格と比較してかなり割高である。因みに、インディアナ州のライムストーンは、ホワイト・ハウスの外壁にも使用されているのをはじめ、アメリカ全土で教会や裁判所などの建築用資材として広く利用されている。

1980年代を通じて、海外直接投資がもっとも盛んだったころ、日本から大企業による大型の海外直接投資が相次いだが、2006年1月現在、大企業による大型の直接投資は影をひそめ、時代の経過と相俟って、小規模な海外投資が増加する傾向を見せ始めた。そのような時期に、インディアナ州政府は、ただ手をこまねいていた訳ではなかった。インディアナ州政府では、こうした傾向に対処するため、2002年半ばごろから、州政府公認のテクノロジー・パークの設置を検討していた。テクノロジー・パーク設置の目的は、大学や研究機関が開発した技術の商業化に一役かうと同時に、インディアナ州内の大学で高等教育を受けた卒業生たちが地元インディアナ州内の研究開発機関で就労できるように計画されたものである。これは、小規模な人員で研究開発を進め、その成果をみて、次の段階において本格的な直接投資を期待するという、いわば二段構えの計画によるものであった。

2002年にインディアナ州議会の特別委員会は、インディアナ州における公認テクノロジー・パークの設立を承認する法案を通過させた。この法案は、地域再開発委員会によって指定された地域内におけるハイテクノロジー関連事業を奨励するもので、2003年1月1日から施行されている[5]。

　インディアナ州政府としては、州内のすべてのカウンティーの工業団地に対して、海外からの直接投資ができるだけ平等におこなわれるように配慮している。しかしながら、実際には直接投資が盛んに展開される工業団地とそうでない工業団地の格差が表面化してくるのは致し方ないことである。インディアナ州の工業団地は、州内のすべてのカウンティーにおいて開発がおこなわれており、一つのカウンティーのなかに複数の工業団地が存在する。

　海外直接投資は、インフラストラクチャーの質とはまったく関わりなく、いくつかの特定のカウンティーに偏り勝ちである。その理由は、ある特定のカウンティーだけが海外直接投資の誘致に非常に熱心で、たびたび海外の潜在的な投資企業を直接訪問して、直接投資の誘致を盛んに呼びかけるといった誘致促進活動の格差が表面化することになると考えられる。

　例えば、インディアナ州バーソロミュー・カウンティー(Bartholomew County)のコロンバス市は、毎年、市長をはじめ、地域経済開発団体や地域企業の代表からなる小規模な対日直接投資誘致使節団を派遣して、潜在的な投資企業を訪問し、同地域への工場進出を呼びかけている。このため、同地域への日系の直接投資プロジェクトは、2006年1月現在、17社に達しており、州内の他の地域に比較して大幅な増加傾向が見られる。特定地域への海外直接投資の集中は、インディアナ州政府が採っている平等の原則とはまったく無関係に作

用する。このように、海外直接投資の誘致活動の成果は、最終的には当該地域自身の独自の努力にかかっているといえる。

第3項　インセンティブの構築

　海外からの直接投資の誘致を積極的に推進しているインディアナ州としては、潜在的な進出企業が他州ではなくて、ぜひともインディアナ州へ投資して欲しいと切望している。しかしながら、逆に潜在的な進出企業からすれば、もし、同等の条件を提示する複数の州があった場合、あらゆる角度から検討して、少しでも有利な州へ投資したいと考えるのは当然のことである。それでは、インディアナ州政府としては、あらゆる直接投資を州内へ誘致するため、どのような魅力的なインセンティブ(Incentive)を構築してきたのであろうか。また、インディアナ州政府が潜在的な直接投資企業に対して提示するインセンティブとは、どのようなものであろうか。

　インディアナ州政府による直接投資誘致のための主要なインセンティブとしては、直接的に投資企業の財務に影響を及ぼす金融支援に関係するものが主体となる。その内容としては、経済開発税額控除や技術教育訓練支援などをはじめ、技術強化ファンド、融資保障プログラム、製品開発商品化ファンド、研究開発費控除、製造支援プログラム、労働力投資支援、技術専門家養成支援、地域技術訓練支援、産業開発融資ファンド、産業開発インフラストラクチャー・プログラム、産業開発融資ファンド、産業復興地域税額控除、環境改善リボルビング・ローン・ファンド、資金調達プログラム等々がある。その他、金融に直接関係しないけれども、オンブズマン(Ombudsman)オフィス活用プログラムなどのインセンティブがある[6]。

とくに、技術強化ファンドは、直接投資に対する技術教育訓練に必要な適格な経費を保障する目的で、経済支援を補助金の形で提供するものである。補助金は、技術教育訓練の指導者に支払う賃金、授業料および訓練に必要な教材費などを含めて、新規に雇用する従業員や現在雇用している従業員の教育訓練に要する経費を対象とするものである。技術教育訓練を受講する者は、インディアナ州民でなければならないとされている。なぜならば、すべてのインセンティブの財源は、インディアナ州民の税金から賄われており、他州からの支援に依拠するものではないからである。技術強化ファンドを希望する企業は、インディアナ経済開発公社ビジネス開発部へ申請書を提出し、20万ドルを超えない範囲で従業員教育訓練のための経費を受け取ることができる[7]。

また、オンブズマン・オフィス活用プログラムは、海外直接投資企業が製造過程においてインディアナ州の環境基準に抵触すると考えられるような種類の物質を使用する場合、当該企業がインディアナ州へ容易に進出できるようするために、オンブズマンが具体的な例を挙げて各種の対策を講じるようアドバイスをおこなうプログラムである。

インディアナ州において事業をおこなうためのビジネス・コストは、他州と比較してすべてにわたって割安に設定されており、この事実だけをとってみてもインディアナ州内で事業をおこなうことのメリットがある。さらに、インディアナ州政府が直接投資に対して提示する技術強化ファンドやオンブズマン・オフィス活用プログラムなどのインセンティブは、多数の直接投資を呼び込むための強力な吸引力となっている。今日、アメリカ各州政府の間において、直接投資誘致のために、潜在的な進出企業に対して、いかに魅力的な

インセンティブを提示できるかという、いわばインセンティブ競争が巻き起こっている[8]。このことは、納税者にとって税金の無駄遣いに繋がっていると考えられるかもしれない。しかしながら、インディアナ州政府は、少なくとも向こう5年間の詳細なプロジェクト・プロファイル(企業成長見通し)のデータに基づいて十分に精査した上で、進出企業に対してインセンティブを附与している。インディアナ州政府が進出企業に対して提示するインセンティブは、慎重に算出したものである。したがって、インディアナ州政府が進出企業に対して提示するインセンティブは、決して税金の無駄遣いに繋がる可能性のあるものではなく、州財政に見合うだけの裏づけのあるプロジェクトに限定されている。ともあれ、アメリカへ進出する多数の進出企業がこうしたインセンティブの恩恵にあずかっていることはまぎれもない事実である。

第2節　地方自治体の胎動

第1項　基礎自治体「カウンティー」

アメリカ合衆国には、全体で3,043のカウンティー(County)があり、インディアナ州には92のカウンティーが存在する[9]。インディアナ州のカウンティーは、インディアナ州を構成するもっとも重要な行政単位である。カウンティーが、その内部の政治、経済、そして、社会の全般をつかさどっている。州政府と同様に、カウンティー政府は、多数の選出ならびに任用の上級職員によって構成され、各種の異なる部局によって構成されている。

インディアナ州のカウンティーは、いつ、どのようにして創設されたのであろうか。ここでインディアナ州のカウンティーの歴史的

背景を辿ってみることにしたい。インディアナ州のカウンティーは、本来、広大なノースウェスト準州の成立に関わる1787年ノースウェスト法(The Northwest Ordinance of 1787)に端を発するものである[10]。したがって、インディアナが州として独立する以前から、いくつかのカウンティーがすでに設置されていたのである。

1787年ノースウェスト法は、のちにオハイオ州、インディアナ州、ミシガン州、イリノイ州およびウィスコンシン州の各州として独立した地域において、基礎的な政府の骨格を形成するものであった。この法案のもとで、ノースウェスト準州の初代総督アーサー・セントクレア(Arthur St. Clair)は、1790年にノックス・カウンティーを創立し、同テリトリー内で最初の地方政府を創設した。それが後になってインディアナ準州政府の本拠地ともなった。インディアナ準州の初代総督ウィリアム・ヘンリー・ハリソンは、1801年にクラーク・カウンティー(Clark County)を創立したのをはじめ、1803年にディアボーン・カウンティー、続いて1808年にハリソン・カウンティー(Harrison County)を創立した。ハリソン・カウンティーは、議会決議によって創設された最初のカウンティーである。1816年にインディアナ州として独立し、アメリカ連邦へ加盟する以前に、フランクリン・カウンティー、ギブソン・カウンティー、ジャクソン・カウンティー(Jackson County)、ジェファーソン・カウンティー、オレンジ・カウンティー、ペリー・カウンティー、ポジー・カウンティー、スウィツランド・カウンティー(Switzerland County)、ウォーリック・カウンティー、ワシントン・カウンティー(Washington County)、そして、ウェイン・カウンティーが創設されていた[11]。

インディアナ州のカウンティーは、人口、面積などにおいて千差万別である。例えば、2000年の時点の人口を見ると、州都インディ

アナポリスが位置するマリオン・カウンティー(Marion County)の人口86万454からオハイオ・カウンティー(Ohio County)の人口5,623で、平均人口は6万6,092である。因みに、1970年の時点におけるカウンティーの平均人口は5万6,453であった。面積では、アレン・カウンティー(Allen County)の671平方マイル(約173万8,000平方キロメートル)からオハイオ・カウンティーの87平方マイル(約22万5,000平方キロメートル)まであって、平均393平方マイル(約100万平方キロメートル)である[12]。

インディアナ州における地方自治体は、地方自治体単位、行政管轄区および司法管轄区とともに相互に絡み合い、かつ重なり合いながら機能している。地域的には、主要な地方自治体単位は、カウンティー、タウンシップ(Township)、市および町などがある。これらの単位のなかの行政は、境界線がさらに複雑に絡み合っている。カウンティーならびに市は、特殊な義務あるいは機能を果たすことが認められている。特殊な義務あるいは機能とは、洪水防止、公共教育、警察および消防、ハイウェイまたは道路の工事および運営企画などのことである[13]。

このように、「カウンティー」そのものの性格は、カウンティーそのなかに公共教育、警察および消防などの機能が存在することを考慮すると、日本の「県」に相当する位置づけとなる。このことから、筆者は「カウンティー」を単に「郡」と邦訳することには若干の抵抗がある。この解釈については、小滝俊之氏が著書『アメリカの地方自治』のなかで、カウンティーを「郡」と訳すことは極めて不適当であり、強いて訳すならば「郡」よりむしろ「県」と訳すほうが妥当であるといわなければならない、と指摘している[14]。しかしながら、筆者は、「カウンティー」それ自体が行政上アメリカ特有の区分法で

あり、「カウンティー」を敢えて「郡」と邦訳することを控えて、むしろそのまま「カウンティー」として捉える方が適当であろうと考える。ともあれ、「カウンティー」は自治権を有する自治体であり、州政府にとっては基礎的な自治体単位としてきわめて好都合な位置づけとなっている。

インディアナ州内の全92カウンティーは、州政府に対して、それぞれの地域経済開発公社あるいはカウンティーによっては地域商工会議所を通じて、人材と資金と情報を提供するもっとも重要な機能と役割を果たしている。州政府にとって、地域経済開発公社あるいは地域商工会議所を通じた各カウンティーの役割は、同時に極めて重要な位置を占めるものである。地域経済開発公社は、それぞれのカウンティーに設置され、地域の経済開発の原点となり、かつ原動力となっている。

第2項　工業団地の開発

海外から潜在的な直接投資企業を対象として、誘致政策を推進するプロセスにおいて、もっとも重要な要素は、工業団地の開発であるといえよう。インディアナ州のすべてのカウンティーのなかには複数の工業団地が存在するが、工業団地の開発は、とくに各カウンティーのなかの地域経済開発公社がリーダーシップを発揮し、当該カウンティーならびに周囲の公共企業との協働作業でおこなわれるものである。

ここで、インディアナ州における工業団地の開発のプロセスを検証してみたい。まず、各カウンティーは、工業団地の開発に当たって、海外から各種の経済情報を収集し、それらを詳細に分析し、地域経済開発計画に組み込んでいった。地域経済開発計画の構築に当

たっては、インディアナ州バーソロミュー・カウンティーのコロンバス市のように、実際にアメリカの著名なシンクタンクとして知られるハドソン研究所に調査を依頼したケースもあった。

　バーソロミュー・カウンティーの場合、地域経済開発公社に替わって、コロンバス商工会議所のなかにコロンバス経済開発委員会(Columbus Economic Development Board)を設置して、同委員会が地域経済開発公社の役割を担っている。コロンバス市は、海外からの直接投資の誘致に非常に熱心なところで、1980年代の初めから、毎年、小規模な使節団を日本へ派遣し、長年にわたって日系企業の誘致活動を積極的に展開してきた。2006年1月現在、コロンバス市が位置するバーソロミュー・カウンティー内の工業団地に日系企業だけでも17社が集中的に投資しており、他の地域を大きく引き離している[15]。

　それでは、一つのカウンティーのなかに、どのような種類の工業団地が存在するのであろうか。コロンバス市を含むバーソロミュー・カウンティーを例に挙げると、あらゆる海外直接投資の受け皿となる14カ所に及ぶ工業団地およびビジネス・センターが開発されている。その工業団地およびビジネス・センターとは、コロンバス工業団地(Columbus Industrial Park)、コロンバス市空港工業団地(Columbus Municipal Airport Industrial Park)、商業団地(Commerce Park)、クリークヴュー工業団地(Creekview Industrial Park)、フォックスポイント・オフィス団地(Foxpoint Office Park)、ホープ工業団地(Hope Industrial Park)、インフォテック工業団地(Info Tech Park)、マーケット・プレイス工業団地(Marketplace Industrial Park)、プログレス工業団地(Progress Park)、ティプトン・レイクス・ビジネス・リサーチ工業団地(Tipton Lakes Business/Research Park)、ウォーレスボロー工業団地(Walesboro Industrial

Park)、ホイットフィールド・スクエア商業センター(Whitfield Square Commercial Center)、ウッドサイド・ビジネス・センター(Woodside Business Center)、そして、ウッドサイド南部工業団地(Woodside South Industrial Park)である[16]。このように各種の海外直接投資を誘致するには、一つのカウンティーのなかに複数の各種工業団地が存在し、潜在的な海外直接投資に対して、できるだけ多くの選択肢を提供できることが望ましいと考えられる。

　工業団地の開発に当たっては、二つのケースが考えられる。第一のケースでは、カウンティーの代表、地域経済開発公社の代表、そして、土地のオーナーの三者の協議によって開始されることが多い。この場合、通常、土地の所有権保持者に変更が生じることはない。しかしながら、第二のケースでは、潤沢な資金を持つカウンティーの場合、カウンティーがいったん個人の所有者から土地を買い上げた後、カウンティーならびに地域経済開発公社の二者間で工業団地の開発がおこなわれることがある。なお、工業団地の譲渡価格は、開発業者の数によって影響されることはない。

　工業団地の開発面積は、通常、1,000エーカー(約122万4,120坪)ないし1万エーカー(約1,224万1,200坪)程度であるが、ある程度、本来の土地の形状に左右される。幸いなことに、インディアナ州を中心とするアメリカ中西部地域一帯は、どこまでも広陵とした平地が広がっている。

　工業団地の分譲単位は、最小分譲区画として5エーカー(約6,121坪)程度あるいはそれ以上とされている。分譲価格は、2006年1月現在、場所の条件によって多少の差異が認められるが、通常、1エーカー当たり1万ドルから3万ドル程度である。場所の条件とは、国際空港をはじめ、インターステート・ハイウェイ、都市部の各種施設など

から、どのくらい離れているかということである。

　筆者の経験則によると、日系の直接投資企業によるインディアナ州への直接投資の例では、当初の直接投資計画で最小分譲区画の5エーカーを購入する予定にしていたものが、工業団地の価格の安さに惹かれて、実際には当初計画の2倍から3倍の工業団地を購入するケースが多い。進出企業が工業団地をできるだけ広く確保しようとするのには、安い価格のほかに別の理由が存在する。それは、当該企業が購入した分譲区画のすぐ隣の区画を他社に買い占められてしまえば、将来、当該企業の拡張工事ができなくなってしまうからである。進出企業は、将来の製品需要増に対応できる工場の拡張を見越して、早めに工業団地のスペースを確保しようとするのである。

第3項　地域経済開発公社の機能

　各カウンティーの名前あるいは各カウンティー内のいちばん大きな都市の名前を冠した地域経済開発公社は、カウンティーならびにその地域内の有力企業が共同で財政支援し、地域経済開発の目的のために重要な機能を発揮する独立の非営利団体(第三セクター)である。

　例えば、モンロー・カウンティーのブルーミントン経済開発公社(Bloomington Economic Development Corporation)のホームページによると、同公社の使命は、「質の高い経済開発によってモンロー・カウンティーの市民生活の向上を図るとともに、起業の増大、新規事業の誘致、既存事業の維持および拡大、製品開発、大学主導による開発などを通じて、その使命を遂行するために努力することである」としている。また、同公社は、2005年度56名の理事によって構成され、年間予算46万5,000ドルで運営されている。さらに、同公社は、こ

れまでブルーミントンおよびモンロー・カウンティーに新規事業20社の誘致および既存事業47社の増設を支援してきた。これらのプロジェクトによって、同コミュニティーにおいて5,000の新規職場を創造し、約6億ドルの新規投資をもたらした[17]。なお、同公社が指摘する大学主導による開発というのは、地元ブルーミントン市にインディアナ大学の本部機構が存在することによるものである。

ここで、その他のカウンティーにおける地域経済開発公社の使命についても検証してみたい。インディアナ州バーソロミュー・カウンティーのコロンバス市の場合、地域経済開発公社に相当するコロンバス経済開発委員会の使命は、「市民生活の質的向上を図ることによって世界クラスのコミュニティーを建設するとともに、経済開発の機会および物質的豊かさを目指して貢献することである」[18]としている。ここに見るように、他のカウンティーの地域経済開発公社においても多少の差異はあるものの、これらとほぼ類似した使命を帯びている。

なお、各地域経済開発公社の多くの代表者たちは、任意非営利団体である国際経済開発協議会(International Economic Development Council)が全米で主宰する海外直接投資誘致専門家育成プログラムを一定期間受講して、地域経済開発の専門家としての資格試験に合格し、公認経済開発専門家(CED＝Certified Economic Developer)の資格を取得した人材である。なお、国際経済開発協議会は、アメリカ経済開発協議会(American Economic Development Council)および都市経済開発協議会(Council for Urban Economic Development)が、2001年5月に合併して、新規に設立された私的非営利団体である[19]。

また、公認経済開発専門家の育成機関としては、オクラホマ大学の経済開発研究所に地域経済開発専門家育成プログラムがあり、国

際経済開発協議会が主宰する公認経済開発専門家育成プログラムによる単位の共用が可能である[20]。

公認経済開発専門家の任務は、それぞれのカウンティー内の地域経済開発公社において地域経済開発を目的とし、潜在的な海外直接投資企業およびアメリカ国内の他州からの直接投資企業を発掘して、当該カウンティーへ誘致するとともに、既存の企業の維持ならびに拡大を推進して、現地労働者の雇用促進を図り、地域経済の活性化を図ることである。公認経済開発専門家は、こうした目的のために当該カウンティー内の工業団地の開発、インフラストラクチャーの完備、潜在的な直接投資企業に対する情報提供、会社法人設立のための支援、工場建設のための手続きや許可申請に関する支援、インセンティブ提供のためのカウンティー議会工作などの任務がある。このように海外直接投資の誘致において主導性を発揮するのは、各カウンティーの公認経済開発専門家たちである。

第3節　第三セクターの地域貢献

第1項　インディアナ経済開発協会

インディアナ経済開発協会(Indiana Economic Development Association)は、1968年、インディアナ州全体の経済開発の継続性を目指して、当初わずか16名の経済開発専門家たちによって創立された。その後、1982年にインディアナ州全体の非営利経済開発団体(Non-profit Economic Development Organization)として改組され、2006年1月現在、同協会の会員は、インディアナ州各地域の経済開発専門家をはじめ、インディアナ州政府機関であるインディアナ経済開発公社ならびにその他の州政府関連部局の代表、州議会議員、第三セクターなどの

団体ならびに私企業の代表、学術専門家を含む約330名によって組織されている任意の私的非営利団体である。同協会の目的は、インディアナ州の経済開発活動のために同協会の知識および資源を十分に活用するとともに、インディアナ州の経済的な豊かさを目指して、州および地域経済開発団体と協働し、相互間の交流を促進することである[21]。

　インディアナ経済開発協会は、広くインディアナ州全体の地域経済開発の関係者に対して、州政府への政策提言の場を提供し、かつ、インディアナ州政府に対して、その政策提言を州政府の経済開発政策に組み込むよう働きかけている。インディアナ経済開発協会の定例総会は、インディアナ州内の各都市を相互に巡りながら、四半期ごとに開催される。定例総会では、通常、州政府の各部局の代表をはじめ、シンクタンクの代表、大学教授などによる基調講演の後、公認経済開発専門家ならびにその他の地域経済開発専門家を含む会員によって、インディアナ州における海外直接投資の誘致を含む地域経済開発について真剣な議論がおこなわれる。ここでの議論の結果は、定例総会に出席した州政府の代表たちによって直ちに州政府の各機関へ持ち帰られ、州の経済政策の策定に直接フィードバックされる。インディアナ経済開発協会の定例総会は、州政府の各部局から多数の代表者たちが参加しており、州政府に対する政策提言の場を提供している。

　実際に、2005年12月、インディアナポリスで開催されたインディアナ経済開発協会の定例総会では、インディアナ州政府から運輸局、農務局、経済開発公社の各代表によるそれぞれのプレゼンテーションがおこなわれ、公認経済開発専門家ならびに地域経済開発専門家たちによる熱心な議論が展開された。定例総会での案件は、即座に

州政府の各部局へ持ち帰られ、さらに検討が繰り返されて、やがて州の地域経済政策として策定され、実施に移される。そして、このことがインディアナ州全体の経済発展に寄与することに繋がっていくのである。

このように重要な役割を果たしているインディアナ経済開発協会は、広くインディアナ州全体から強力な支持を得ている。インディアナ州の地域経済開発において、このような主要な役割を演じているインディアナ経済開発協会は、州内の多数の企業による財政支援や会員の会費によって運営されている。主要な支援企業としては、アメリカン・エレクトリック・パワー社、ノーザーン・インディアナ・パブリック・サービス(Northern Indiana Public Service)社、シナジーPSI社、ワバッシュ・ヴァレー・パワー・アソシエーション社、フージアー・エネルギー社、ヴェクトレン社などの代表的なエネルギー供給会社をはじめ、H.J.アンバー・アンド・アソシエーション(H.J. Amber & Association)公認会計士事務所、ベーカー・アンド・ダニエルズ(Baker & Daniels)弁護士事務所、ノーフォーク・サザーン鉄道会社(Norfolk Southern Railway)などがその名を連ねている。

第2項　インディー・パートナーシップ

インディー・パートナーシップ(Indy Partnership)は、インディアナポリス地域一帯の11のカウンティーの経済成長を強化する目的で、私的に設立された非営利団体である。インディー・パートナーシップが地域経済開発を直轄するカウンティーは、2006年1月現在、人口86万3,000を擁するインディアナポリス市の位置するマリオン・カウンティーをはじめ、ブーン・カウンティー(Boone County)、ハミルトン・カウンティー(Hamilton County)、マディソン・カウンティー

(Madison County)、ヘンドリックス・カウンティー(Hendricks County)、ハンコック・カウンティー(Hancock County)、モーガン・カウンティー(Morgan County)、ジョンソン・カウンティー、シェルビー・カウンティー(Shelby County)、モンロー・カウンティー、そして、ティピカヌー・カウンティー(Tippecanoe County)の合計11カウンティーである[22]。インディー・パートナーシップの前身は、インディアナポリス経済開発公社(Indianapolis Economic Development Corporation)と称され、マリオン・カウンティーのみの経済開発を担当していた第三セクターであった。インディー・パートナーシップは、2001年、インディアナポリス経済開発公社から発展的に改組されたものである。

インディアナポリスは、「インディアナポリス市」(City of Indianapolis)ならびに「マリオン・カウンティー」が統合されて生まれたところである。それは、どのような経緯を辿って誕生したのであろうか。インディアナポリスは、1970年に州議会の承認を得て、「インディアナポリス市」ならびに「マリオン・カウンティー」全体が統合されて、広域の市(City-County Consolidation)となったもので、米国ではUNIGOV(United Government)と称される。

しかしながら、この統合が当時のインディアナポリス市長リチャード・G．ルーガー氏(共和党)の強力な政治的指導力のもとでおこなわれ、しかもマリオン・カウンティーの住民の投票を得ずしておこなわれたことは、きわめて異例なことであった。統合後のインディアナポリスは、各種のサービスが統合され、かつ合理化されたが、学校システムおよび警察署は、旧来のシステムのままで残された。このように市とカウンティーが統合されたアメリカの例としては、ルイジアナ州のバトンリュージュ(Baton Rouge)、テネシー州のナッシュヴィル(Nashville)、フロリダ州のジャクソンヴィ

ル(Jacksonville)、ミズーリ州のセントルイス(St. Louis)などのケースがある[23]。インディー・パートナーシップは、このような州都のマリオン・カウンティーを含む11ものカウンティーをカヴァーする大規模な地域経済開発公社(Local Economic Development Corporation)として、インディアナ州の他の地域経済開発公社をリードする文字通りの代表格である。

インディー・パートナーシップは、潜在的な海外直接投資企業に対して、有効な情報を提供している。潜在的な海外または国内の投資企業に対するインディー・パートナーシップの支援内容は、第一に、事業経費の算出、エネルギー経費の見積り、コミュニティーに関する情報、地域間による経費の比較情報などを提供することによって、適切な進出場所探しのための「情報支援」をおこなうことである。第二に、最適な工業団地および空きビルなどの「場所選定の支援」をおこなうことである。第三に、適切なビジネス・インセンティブ・プログラムを探し出し、適合するプログラムの価格の見積もり、インセンティブ・パッケージの交渉における支援、書類作成準備の支援、申請書類の申請、そして、継続的な法的遵守など「ビジネス・インセンティブおよび財務支援」をおこなうことである[24]。インディー・パートナーシップのプロジェクト・マネジャーは、いずれも経験豊富な経済開発の専門家たちである。

2004年6月4日、筆者はインディアナ商務局の協力を得て、インディアナポリスのインディー・パートナーシップ本部において、プレジデントのグレッグ・シェンケル(Greg Shenkell)氏にインタビューする機会を得た。シェンケル氏によると、インディー・パートナーシップの財政は、メンバー・カウンティーによる会費によって賄われている。2001年にインディアナポリス経済開発公社からインディー・

パートナーシップへ改組されるまでの年間予算規模は、わずか40万ドル程度であった。当時は、マリオン・カウンティーのみの地域経済開発を担当する第三セクターであった。その後、2001年にインディー・パートナーシップへ改組されて以降、予算額が大幅に増額され、2004年6月現在、310万ドルに膨らんだ。もちろん、予算額が大幅に増額された相当額に応じて、地域経済開発における責任範囲も大きく拡大された。

インディー・パートナーシップは、広域経済開発公社として、インディアナ州全体の地域経済開発公社のモデルとも目されている存在である。インディアナポリスの所在するマリオン・カウンティーを含む11の広域カウンティーの地域経済開発を一手にカヴァーするインディー・パートナーシップは、管轄地域における海外からの潜在的な直接投資の受け入れ態勢を整備して、工業団地および空きビルなどの地域情報を完備し、直接投資の受け入れに万全を期している。インディアナ州政府が組織する恒例の対日直接投資誘致使節団に対して、毎年、複数のメンバーを派遣するなど海外からの潜在的な直接投資の誘致に熱心に取り組んでいる。こうした年間を通じた積極的な活動は、インディアナ州のすべてのカウンティーにおける地域経済開発公社に対して、海外直接投資誘致活動の大きな牽引力となっている。

第3項　IvyTechコミュニティー・カレッジ

IvyTechコミュニティー・カレッジ・オブ・インディアナ（IvyTech Community College of Indiana）は、インディアナ州全域に23のキャンパスを有する技術教育訓練機関である。1963年にインディアナ州議会が5万ドルの開発費を計上して、州内で初めての「インディアナ職業

技術訓練大学」が設立され、1965年に最初の技術訓練プログラムが開始された。インディアナ州議会は、当時、インディアナ州を14の地域に区分して、すべてのインディアナ州民に職業技術訓練教育の機会が与えられるように配慮した。その後、1995年のインディアナ州議会における法改正によって、「インディアナ職業技術訓練大学」は、「IvyTechコミュニティー・カレッジ」(IvyTech Community College)へ名称変更され、さらに、2005年7月1日、ダニエルズ知事の指導のもとで、「IvyTechコミュニティー・カレッジ・オブ・インディアナ」(IvyTech Community College of Indiana)へ再度、名称変更された。学生数は、1968年にわずか3,233名であったものの、その後、大幅な増加がみられ、2003－2004年には10万2,000名に増大している[25]。

 IvyTechコミュニティー・カレッジ・オブ・インディアナは、海外直接投資の誘致において、インディアナ州政府ときわめて強力かつ密接な関係にある。同カレッジは、直接投資との関係において、州政府によるインセンティブの1つである「技術専門家養成支援プログラム」[26]と直結して、インセンティブの機能を果たしている。このプログラムの適用を受ける海外および国内からのインディアナ州への直接投資企業は、従業員の技術専門家養成のために最高20万ドルまでのインセンティブを受け取ることができる。このプログラムは、インディアナ州への進出企業の操業開始に合わせて、州内に点在する「IvyTechコミュニティー・カレッジ・オブ・インディアナ」において、従業員に対する技術専門家としての技術教育訓練をおこなうものである。

 2005年9月8日、筆者はインディアナポリスの「IvyTechコミュニティー・カレッジ・オブ・インディアナ」の本部において、同カレッジのプレジデントであるジェラルド・Ⅰ．ラムキン(Gerald I.

Lamkin)氏にインタビューする機会を得ることができた。ラムキン氏によると、同カレッジは、インディアナ州を14地域に区分した州内全地域の30マイルごとに点在する合計23のキャンパスにおいて、地元インディアナ州はもとより、海外または国内他州からインディアナ州へ進出してくる企業の従業員などインディアナ州のために働くすべての人々に対して、均等に教育の機会を与えるものである。同カレッジは、海外または国内他州からインディアナ州へ進出してくる投資企業に対して、人材の採用、人材の選別、そして、技術教育訓練などを担当し、インディアナ州政府による技術教育におけるインセンティブの一端を担っている。ラムキン氏は、とくに、経済力のある日本からさらなるインディアナ州への直説投資に大きな期待をよせている。

第4節　企業市民による社会貢献

第1項　エネルギー供給会社

インディアナ州には、大小さまざまなエネルギー供給会社が存在する。インディアナ州の全92カウンティーのうち、69カウンティーの5万6,980平方キロメートルに及ぶ地域に電力および天然ガスを供給しているインディアナ州最大手のシナジーPSI社[27]をはじめ、アメリカン・エレクトリック・パワー社、ワバッシュ・ヴァレー・パワー・アソシエーション社、ヴェクトレン社、フージアー・エネルギー社、インディアナポリス・パワー・アンド・ライト社、インディアナ・ミュニシパル・パワー・エージェンシー社などのほか、天然ガス専門供給会社の大手ノーザーン・インディアナ・パブリック・サービス(Northern Indiana Public Service Company)社などがある。また、

各市および地域に電力および天然ガス供給会社を設立して、市民へ安価なエネルギーを供給している地域も多い。なお、インディアナ州には2006年1月現在、原子力発電設備は1基も存在しない。

　ここでは、インディアナ州で最大の規模を誇るエネルギー供給会社であるシナジーPSI社の地域経済開発活動、とくに、海外直接投資の誘致活動に焦点を当ててみたい。シナジーPSI社は、投資家の所有によるアメリカで最大規模のエネルギー供給企業の一つである。1994年にPSI社およびシンシナチ・ガス・アンド・エレクトリック・カンパニー（Cincinnati Gas & Electric Company）社（オハイオ州シンシナティ）が合併して、シナジーPSI社となった。同社は、インディアナ州、オハイオ州およびケンタッキー州に及ぶ140万世帯に電力を供給するとともに、47万1,000世帯に天然ガスを供給している[28]。

　海外直接投資の誘致におけるシナジーPSI社の機能は、インディアナ州政府の目的と完全に一致するものである。シナジーPSI社は、シナジー経済開発ネットワーク部門を設置して、単に安価なエネルギーの供給サービスや技術的支援をおこなっているだけでなく、海外および国内他州からインディアナ州へ進出してくる投資企業に対して、場所の選定およびその他の経済開発サービスにおいて主導的な役割を演じている。具体的には、次のような各種サービスが含まれる。

　デモグラフィック・リポート、コンピュータ化された場所および空きビルのデータベース、コミュニティー・プロファイル、労働市場および賃金データ、航空写真、州および地方税に関する情報、工業団地および空きビルなどに関する情報提供、コミュニティーへの案内、価格調査、電力サービス提案書、インディアナ州政府および各地域経済開発担当者とのコーディネーション、シナジー社経済開

発ネットワークの地域内における既存企業および増設企業に対する支援サービス、インディアナ州製品の輸出支援サービスなどである。シナジーPSI社によるこれらすべてのサービスは、インディアナ州政府による海外直接投資の誘致活動に完全に呼応するもので、インディアナ州政府は、同社の総合的な支援サービスに負うところが極めて大きいといえよう。

　このように、海外直接投資の誘致に対するシナジーPSI社の取組みは、インディアナ州政府の機能を強力に支援するものである。2004年6月2日、筆者はインディアナ州プレインフィールド（Plainfield）のシナジーPSI社本部において、同社のシナジー経済開発ネットワークの代表を勤めるロバート・ハチングス氏にインタビューする機会を得た。ハチングス氏によると、同社は、直接投資の誘致促進の目的のために、常に各コミュニティーおよびカウンティーの地域経済開発公社の地域経済開発担当者をはじめ、インディアナ州政府、場所選定のためのコンサルティング企業、工業団地の不動産取引業者、鉄道会社、他のエネルギー供給会社などと緊密に接触して、積極的に情報の交換に努めている。また、潜在的な投資企業に対する情報の提供、地域経済開発公社の運営費のための財政支援、マーケティング資料の制作支援、コミュニティー・シンポジウムおよびワークショップの開催、戦略的企画の支援などを通じて地域貢献に努めている。とくに、シナジーPSIは、海外直接投資の誘致において、インディアナ州政府が組織する恒例の対日直接投資誘致使節団に対して、毎回、多額の寄付をおこなっている。さらに、同社は1989年以来、毎年、対日直接投資誘致使節団に参加しているほか、シナジーPSI社独自で特別な対日海外直接投資使節団をたびたび派遣して、その重要な役割を演じている。

その後、シナジーPSI社は、2006年4月3日、ノースカロライナ州シャーロッテ(Charlotte)に本拠をおくデューク・エネルギー・ガス・トランスミッション(Duke Energy Gas Transmission)社に吸収合併されている。しかしながら、海外直接投資の誘致を含むすべての企業活動内容は、以前と何ら変わるところはない。今後もインディアナ州に一つの拠点をおく企業市民として、しっかり根付いていく姿勢を前面に打ち出している。

第2項　法律事務所

　海外直接投資の誘致促進において、現地の法律事務所は、不可欠な存在である。米国へ進出する企業にとって、会社設立申請書ならびに会社定款の作成をはじめ、登記手続きならびに諸許可申請の手続きなどは、必ず現地の州法の免許を有する担当弁護士に依頼しなければならない。このような諸々の法的書類作成および申請において、現地の担当弁護士の存在意義は極めて大きいといえよう。また、アメリカへ進出する海外からの投資企業にとって、州法担当の弁護士の助言は不可欠であり、極めて有意義なものである。海外直接投資の誘致担当者にとっても現地の担当弁護士による法務支援は、不可欠な要素である。インディアナ州へ進出するすべての日系投資企業は、インディアナ州法の免許を有するインディアナ州もしくは周辺諸州の日本人弁護士の支援によって会社登記手続きをおこなうのが普通である。

　2005年9月12日、筆者が第37回日本・米国中西部会日米合同会議に出席するため、オハイオ州シンシナチを訪問した際、ヒルトン・シンシナチ・ネザーランド・プラザ・ホテル(Hilton Cincinnati Netherlands Plaza Hotel)において、シンシナチに本拠をおくタフト・

ステッティニアス・ホリスター法律事務所(Taft, Stettinius & Hollister, LLC)の中尾俊夫弁護士に会って、現地弁護士の活用法における日米の差異について話を伺うことができた。インディアナ州へ進出する日系企業の会社設立において豊富な経験を有する中尾弁護士は、次のように指摘する。

日本では、比較的に接する機会が限られた弁護士も、アメリカでは、企業トップの重要なビジネス判断には欠かせない法的アドバイザーとして広く認識されている。アメリカでビジネスを成功させるためには、問題発生後に弁護士を選んで対応策を練るというのではなく、予防法学的なアプローチを採る必要がある。また、経営上の気がかりな点について弁護士に定期的に相談し、潜在的問題点の早期発見や早期対応に努めることが肝要である。アメリカ企業の経営者は、企業内部の問題に対して、選択し得る対応策とその判断材料となる情報や知識を直接専門の弁護士から得て、重要な判断を自らくだしていく。これに対して、日本企業の経営者は、言葉の問題や法律知識の欠如を理由に、日々の実務レベルでの決定から経営全体に影響を及ぼす可能性のある重大な決定に至るまで、アメリカ人弁護士との相談を一任した現地スタッフの判断をそのまま容認する形で経営判断する傾向が見られる[29]。したがって、現地日系企業としては、弁護士の有効な活用法について、見直しをおこなう必要があると指摘する。

筆者は、2006年4月18日、インディアナポリスに本拠を置くバーンズ・アンド・ソーンバーグ法律事務所(Barns & Thornburg, LLP)において、国際実務グループの会長を勤めるロバート・レイノルズ (Dr. Robert H. Reynolds)弁護士にインタビューする機会を得た。同法律事務所は、インディアナポリスに本拠をおいているほか、シカゴ

やワシントンD.C.、ミシガン州グランド・ラピッズ（Grand Rapids）などにネットワーク・オフィスを置き、全体で350名の弁護士を擁して、アメリカ本土のみならず、海外からの1万1,000件以上のクライアントに対応している。

　同法律事務所は、2005年現在、日本企業グループを強化して、日系企業のアメリカへの進出時における会社設立支援サービスをはじめ、操業にともなう法的支援およびビザの取得支援などに留まらず、雇用関係の紛争回避、諸ビジネス実務のアドバイス、知的財産権の保護、IT関連のグローバルな法務などの幅広い分野において総合的かつきめ細かなサービスを提供している[30]。このようなアメリカ中西部地域における各法律事務所による日系の進出企業への対応は、インディアナ州政府による海外直接投資の誘致政策に完全にかなうもので、インディアナ州政府は、こうした活動を大いに歓迎している。

第3項　建設ゼネラル・コントラクター

　建設ゼネラル・コントラクターは、インディアナ州政府による海外直接投資の誘致活動を通じて、強力な支援を提供してくれる。インディアナ州政府による直接投資誘致政策を推進する上で、州内の建設ゼネラル・コントラクターから州政府に対する技術情報支援は、極めて貴重な支援の一つである。潜在的な投資企業からインディアナ州における建築に関する技術的な質問が寄せられた場合、これに即応できる建築技術者が、少なくとも直接投資の誘致を担当するインディアナ経済開発公社には存在しないため、外部の建設ゼネラル・コントラクターによる技術情報支援を依頼することになる。多くの経験を有する建設ゼネラル・コントラクターは、海外あるいはアメリカ国内の他州からインディアナ州へ進出する企業の建設に関する

質問に対して、快く対応してくれる。こうした技術情報支援の協力の背景には、当然ながら建設ゼネラル・コントラクターにとって新規プロジェクトの獲得に繋げたいという意図があるものの、もう一つの理由としては、インディアナ州政府が介在する場合、インディアナ州の企業市民として社会貢献したいという意図がある。

インディアナ州政府と建設ゼネラル・コントラクターの関係は、技術情報分野において切り離せない関係にある。インディアナ州中央部の建設労働組合に加盟している建設関連企業で組織する非営利団体「トップノッチ」[31]は、1976年に設立され、インディアナ州の約2万人の組合員と約700社の建設企業で構成されるユニークな団体である。インディアナ州政府が、毎年組織する恒例の対日直接投資誘致使節団に対して、「トップノッチ」加盟企業のなかから毎年参加し、インディアナ州政府との良好な関係のもとで、州政府からの特殊な技術情報の支援要請に対して快く対応してくれる企業が多い。2006年4月17日、筆者がインディアナポリスを訪問した際、インタビューに応じてくれた中央インディアナ建物取引委員会の専務理事ジョン・グリフィン氏によると、インディアナ州政府と州内の建設ゼネラル・コントラクターは、直接投資の誘致活動において、二人三脚の関係にあると指摘する。建設ゼネラル・コントラクターは、インディアナ州政府のスタッフに代わって、潜在的な投資企業に対して、適切な技術的なアドバイスを与えることができるからである。

【注】
(1) Alexis de Tocqueville: *Democracy in America*. 井伊玄太郎訳『アメリカの民主主義(上)』(講談社、1998年、p.122)
(2) U.S. Department of Labor: *Unemployment rates by State, seasonally adjusted, January 1980-1983*; www.bls.gov
(3) Robert M. Taylor, Jr. et al: *Indiana: A New Historical Guide*, Indiana Historical

Society, Indianapolis, 1989, p.423. Frances L. Carlsen: *2003 Harris Indiana Industrial Directory*, Harris Infosource, Twinsburg, 2003, p.279

(4) Robert M. Taylor et al: *Indiana: A New Historical Guide*, Indiana Historical Society, Indianapolis, 1989, p.403

(5) Indiana Department of Commerce: www.indianacommerce.com

(6) Indiana Economic Development Corporation: http://www.iedc.in.gov/Grants/ondex.asp

(7) Indiana Department of Commerce: www.indianacommerce.com

(8) Earl H. Fry: *The Expanding Role Of State And Local Governments In U.S. Foreign Affairs*, Council on Foreign Relations Press, New York, 1998, p.116-p.120.

(9) U.S. Bureau of Census: *Statistical Abstract of the United States. National Association of Counties*: http://www.naco.org/Template.cfm?Section=Find_a_County&Template=/cffiles/counties/state.cfm&statecode=in

(10) この項については、次の文献を参照されたい。James H. Madison: *The Indiana Way*, Indiana University Press, Bloomington, 1986, p.33-p.35. p.46-p.51. James H. Madison: *Heart Land, Comparative Histories of the Midwestern States*, Indiana University Press, Bloomington, 1990, p.38, p.166. Robert M. Taylor, Jr.: *The Northwest Ordinance 1787*, Indiana Historical Society, Indianapolis, 1987, p.19-p.20. Darrel E. Bigham: *The Indiana Territory, 1800-2000*, Indiana Historical Society, Indianapolis, 2001, p.3-p.4. Andrew R.L. Cayton and Peter S. Onuf: *The MIDWEST and the NATION−Rethinking the History of an American Region*, Indiana University Press, Bloomington, 1990, p.2-p.3, p.23-p.24

(11) Indiana Chamber of Commerce: *Here Is Your Indiana Government−2005-2006 Edition*, Indiana Chamber of Commerce, Indianapolis, 2005, p.121-p.122

(12) *Ibid.*, p.123

(13) Indiana Chamber of Commerce: *Here Is Your Indiana Government−2005-2006 Edition*, Indiana Chamber of Commerce, Indianapolis, 2005, p.115

(14) 小滝俊之『アメリカの地方政治』(第一法規株式会社、2004年、p.158)

(15) Columbus Economic Development Board: *Columbus, Indiana...Community Audit...2004-2005...*, Columbus Economic Development Board, Columbus, 2004, p.7-p.9. Columbus Economic Development Board: www.columbusin.org

(16) Columbus Economic Development Board: *Columbus, Indiana… Community Audit… 2004-2005…*, Columbus Economic Development Board, Columbus, 2004, p.22

(17) Bloomington Economic Development Corporation:
http://www.comparebloomington.org/partner.html

(18) Columbus Economic Development Board: http://columbusin.org/mission.html
(19) International Economic Development Council: *Professional Development Series Course Catalog*, International Economic Development Council, Washington, D.C., 2003, p.3. International Economic Development Council: www.iedconline.org
(20) University of Oklahoma: http://www.occe.ou.edu.edi/
(21) Indiana Economic Development Corporation: http://www.ieda.org/board_and_Officers/default.asp
(22) A Regional Economic Development Corporation–The Indy Partnership: http://www.indypartnership.com/. Indiana Economic Development Corporation: http://www.iedc.in.gov/Calendar/index.asp
(23) この項については、次の文献を参照されたい。Frank J. Coppa: *County Government–A Guide to Efficient and Accountable Government*, Praeger Publishers, Westport, 2000, p.21. James MacGregor Burns et al: *State & Local Politics–Government by the People–Tenth Edition*. Prentice-Hall, Inc., Upper Saddle River, 2001, p.174. David C. Saffell and Harry Basehart: *State and Local Government–Politics and Public Policies–Seventh Edition*, McGraw-Hill, Inc., New York, 2001, p.312-p.314
(24) A Regional Economic Development Corporation–The Indy Partnership: http://www.indypartnership.com/
(25) IvyTech Community College of Indiana: *Catalog 2005-2006*, IvyTech Community College, Indianapolis, 2005, p.4. IvyTech Community College of Indiana: www.ivytech.edu
(26) Indiana Department of Workforce Development: www.state.in.us/dwd/advanceindiana
(27) Cinergy Corporation: http://www.indiana.cinergy.com
(28) Cinergy Corporation: www.cinergy.com/cedn. Cinergy Corporation: http://www.indiana.cinergy.com
(29) Taft, Stettinius & Hollister, LLP: http://www.taftlaw.com
(30) Barns & Thornburg, LLP: www.btlaw.com
(31) The Indiana Union Construction Industry: www.topnotch.org

第4章　海外直接投資の進出プロセス

　日本の潜在的な海外進出企業は、海外進出プロセスにおいて、工場進出後の経営に可能な限り支障が起きることのないように、あるいはたとえ支障が起きたとしても、それを最小限度に食い止められるように、多角的な見地から事前に十分な調査をおこない、準備を整えようとする。本章では、海外進出企業による進出場所の選定、制度的課題への取り組み、質の高い生活環境という三つのカテゴリーにおいて、海外進出企業が、インディアナ州政府に対して、要求するものはどのようなものか、なぜそのようなことを要求するのか、そして、それらの要求に対するインディアナ州の対応は、どのようなものなのか、について詳細に論究したい。

第1節　進出場所の選定

第1項　工業団地・空きビル・スペックビル

　日本の潜在的な海外進出企業が、海外進出プロセスにおいて、インディアナ州政府に対して最初に要求するものは、進出先の場所の選定に必要な情報である。一般的には、潜在的な海外直接投資企業は、最初にいくつかの進出候補地を挙げて、そこに適当な工業団地や既存の空きビルがあるかどうかについて調査を開始する。インディアナ州政府は、州内の各カウンティーと協力して、すべてのカ

ウンティーにおいて複数の工業団地を開発しているので、あらゆる潜在的な海外進出企業からの工業団地に関する要望に対して、充分に対応できるように準備を整えている。

　インディアナ州における工業団地の開発は、一般的には、州政府のリーダーシップの下で、カウンティーあるいは市、そして、地域経済開発公社などによって進められる。工業団地の所有権は、工業団地の開発段階において、個人的な土地所有者から稀にカウンティーあるいは市に移譲されることもあるが、通常、従前からの土地所有者の手中にある場合が多い。とくに、裕福なカウンティーあるいは市に限って、ごく稀に工業団地を所有しているところが存在する。潜在的な海外進出企業のなかには、往々にして公的な第三者機関から工業団地の譲渡を受けたいと希望するところがあるが、一般的には個人的な土地所有者から直接、工業団地の譲渡を受けることになる。

　工業団地の譲渡価格帯には、大きな開きがある。インディアナ州の工業団地は、一般的に、大都市に近ければ近いほど譲渡価格が高く、一方、大都市から遠く離れれば離れるほど譲渡価格が安価となる。また、先述のとおり、工業団地が地質的に岩盤や硬い地層の上にあって、開発のための工事費がすでに嵩んでいるような場所の工業団地の譲渡価格は、相応に高くなる。例えば、インディアナ州においては、インディアナ大学本部が所在するモンロー・カウンティーのブルーミントン近郊が、岩盤の上にあるため、その周辺の工業団地の販売価格は、比較的割高である。

　インディアナ州における工業団地の最小分譲面積は、5エーカー程度である。それ以下の分譲面積では、進出企業の生産計画においてメリットがないと考えられること、また、不動産取引業者にとっ

ても経営上あまりメリットがないことなどがあげられる。日系の海外進出企業は、一般的に、日本国内の土地価格の相場を勘案して、当初、きわめて狭い面積の工業団地の購入を希望していても、いったん驚くほど廉価な工業団地の分譲価格相場を耳にすると、当初、考えていた面積の2倍ないし3倍の工業団地を購入する。あるいはそれ以上の面積の工業団地を購入する。

　インディアナ州の各地域では、当該地域の経済発展において、将来、彫大なインパクトを与えるような大型の投資プロジェクトに対して、広大な面積の工業団地を無償もしくは1ドルというわずかな名目的価格で提供する可能性は十分にあり得るだろう。インディアナ州の各地域が進出企業に対して無償もしくは無償に近い価格で広大な工業団地を提供する理由は、当該投資企業がそれに見合う将来性を備えていることが原則である。将来、このような思い切った大型投資をおこなう海外進出企業が出現する可能性は十分にあると考えられる。

　インディアナ州の各カウンティーや市が、潜在的な海外進出企業に対して提示するものの一つとして、工業団地および既存の空きビルに関する情報のほかに、スペックビル(Speculative Building)というビルディングがある。これは、当該カウンティーまたは市が中心になって、潜在的な海外進出企業を呼び込むために、あらかじめ工場用ビルを建設してオファーするものである。工事期間を短縮し、初期投資額を極力抑えようとする進出企業にとっては、スペックビルが歓迎される。

　このスペックビルは、一応、工場用ビルとして建設するものの、天井裏、壁面内部、床などは未完成のままに残しておいて、購入する進出企業が独自の用途に合わせて、自らの経費で完成するという

ものである。工場によっては、数百トン級のプレス機械あるいは数千トン級のプレス機械を据え付けることになる可能性があるため、天井裏、壁面内部、床などを未完成のままに残すことになる。プレス機械の据え付けには、ある程度の天井の高さを確保しなければならないほか、強度を確保するための特別な床工事が要求される。

インディアナ州のカウンティーのなかには海外進出企業に対して、このようなスペックビルのオファーをおこなっているところもあるが、比較的短期間に譲渡がおこなわれるため、スペックビルの情報はかなり流動的であるといえる。スペックビルを建設するカウンティーまたは市が、どの程度の規模の投資を期待するかによって、スペックビルの大きさが異なり、予算規模が異なる。当該カウンティーまたは市にとっては、いつ譲渡できるか分からないスペックビルの建設のために、あまり大きな予算を割くわけにはいかないので、スペックビルを建設できるカウンティーまたは市は、ある程度財政的に余裕のあるところということがいえる。

第2項　進出場所へのアクセス

海外進出企業にとって、進出場所へのアクセスは、非常に重要な意味を持つ。進出企業がどのようなアクセス・ルートを経由して進出先の場所へ辿り着けるかということが、二つの意味においてきわめて重要な要素である。その一つは、交通に便利な場所であるという第一の利便性である。他の一つは、将来における現地企業の経営戦略上において、原料供給先からの搬入ならびに自社製品の顧客先への搬出に適した場所であるという第二の利便性である。

インディアナポリスは、「アメリカの十字路」と呼ばれている。インディアナ州の州都インディアナポリスは、全米で唯一7本のイン

ターステート・ハイウェイが集中する交通の要衝である。7本のインターステート・ハイウェイが集中するアメリカの都市は、インディアナポリスをおいて他に存在しない。このことから、インディアナ州議会は、早くも1937年に、インディアナ州のモットーを「アメリカの十字路」と制定したのである[1]。その後、約70年にわたって、7本のインターステート・ハイウェイが集中するのは、全米で唯一インディアナポリスだけである。

インディアナポリスを中心に24時間のトラック輸送によって、全米の約60パーセントの消費人口市場に到達できる。このような運輸・交通の「利便性」によって、フェデラル・エクスプレス(Federal Express)が、インディアナポリス国際空港をハブ空港として拠点をおいているほか、同じくATA航空が、インディアナポリス国際空港を本拠地としている。陸上輸送においては、トラック輸送など多数の大手運輸関連会社が、インディアナポリスに本拠を構えている。

アメリカ大陸の内陸部に位置するインディアナ州には、三つの国際港湾施設が存在する。第一の国際港湾施設は、インディアナ州北西部のミシガン湖に接するバーンズ国際港(Barns International Harbor)である。ここは五大湖のうちのミシガン湖、ヒューロン湖(Lake Huron)、エリー湖、そして、オンタリオ湖(Lake Ontario)を通じて、セント・ローレンス(St. Lawrence)水路から大西洋に到達することができる。第二の国際港湾施設は、インディアナ州南西部のサウスウィンド・マリタイム・センター(Southwind Maritime Center)である。そして、第三の国際港湾施設は、インディアナ州南東部のクラーク・マリタイム・センター(Clark Maritime Center)である。

第二のサウスウィンド・マリタイム・センターならびに第三のクラーク・マリタイム・センターは、ともにオハイオ・リヴァーを

通じて、ミシシッピ川(Mississippi River)からニューオーリンズ(New Orleans)経由でメキシコ湾に到達できる[(2)]。したがって、鉄鋼製造用機器をはじめ、発電用機器ならびにプレス用機器など重量の嵩む機器のインディアナ州への搬入には、船舶による輸送手段が便利である。このようにインディアナ州は、空路、陸路、水路による交通の利便性に優れている。

第3項　ゾーニング

ゾーニング(Zoning)とは、「都市計画において用途別に地域を区分」する制度である。通常、それぞれの市またはカウンティー議会によって土地の地域区分が決議され、住民はその規定を厳しく遵守しなければならない。一般的に、工業団地のゾーニングは、「軽工業」「工業」「重工業」などといった地域区分になる。しかしながら、工業団地といえども、往々にして「農業」用地として指定されていることがある。これは元来、農地であった場所を市またはカウンティーが工業団地として開発しながら、いまだに法律手続き上、「軽工業」「工業」「重工業」のための用地として区分変更されないまま残されているものである。

秩序ある経済的かつ文化的な成長を確保するためのもっとも一般的な方法が、いわゆる土地のゾーニングである。つまり、ゾーニングとは、あらゆる場所において特別な地域区分を創ったり、あるいは不動産利用を制約したりするものである。コミュニティーの住居地域のゾーニングは、単身家族用地、二人家族用地あるいは複数家族用地などに振り分けられ、また工業目的用地では、「軽工業」用地、「工業」用地、そして、「重工業」用地として振り分けられる。さらに、他の法令に則って、あるゾーニング内の建物の高さを制限した

り、建物と建物の間隔を制限したり、あるいは区域の境界線から建物まで、ある程度の間隔(Setback)を確保するように制約を加えたりするものである。

　一般的にアメリカの市またはカウンティーによるゾーニングの規定は、極めて厳しく取り扱われている。五十嵐敬喜氏が著書『都市計画―利権の構図を超えて』のなかで、「欧米では都市計画は地方自治体の仕事であり、それぞれの市町村がそれぞれの必要に応じて都市計画を修正する方法がとられている。しかも多くの先進国では、日本のように青天井のような規制緩和はおこなわない。全般的にきつい規制を加えて維持し、必要が生じたときに、住民や地方議会の吟味をへて合理的な理由のある緩和だけが例外的に、あるいはスポット的に認められるシステムになっている」と指摘しているとおりである。

　また、多くの市およびカウンティーには、市民の健康と安全を確保するため、それぞれ建築基準法がある。これらの建築基準法は、かなりの分量があり、建物の梁の厚さおよびトラスの強度などをはじめ、暖房炉の形状、電気配線、換気口、耐火性、そして、耐震性にいたるまで詳細に規定している。最初に建築許可を取得しないままで、建築が開始されることはない。建築監視官が定期的に建築現場へ派遣されて、建築基準法に則って建築工事がおこなわれているかを厳しく監視する。なお、各市の都市計画局では、建築基準法に関して常に行政的な管理がおこなわれているわけではないが、建築基準法における変更などに関する相談に応じている[3]。

　ゾーニングの変更手続きは、比較的簡単であるが、厳格に執りおこなわれる。もし、ある製造業者がインディアナ州へ工場進出して、「農業」用地を「軽工業」「工業」あるいは「重工業」用地への区分変更を

希望する場合、当該企業は、市議会またはカウンティー議会に対して、ゾーニングの変更依頼書を提出し、議会においてゾーニング変更の事由を陳述しなければならない。議会は、その陳述にしたがって、ゾーニングの変更を協議して議決することになる。ここで、焦点となるのは、環境保全と地域経済に対するインパクトというほぼ2点に絞られる。

第4項　トポグラフィー・マップ

　潜在的な海外進出企業が要求するトポグラフィー・マップは、当該企業にとってきわめて重要な資料である。トポグラフィー・マップとは、土地の高低差を正確に表わした地形図のことである。トポグラフィー・マップには、工業団地部分だけに限らず、その周辺地域の地形が正確に表わされているので、周辺一帯の地形を全体的に把握することができる。なぜ、潜在的な海外進出企業が、トポグラフィー・マップを要求するのであろうか。それは、当該企業が事前に工業団地周辺の地形の高低差を詳細にチェックすることによって、洪水の際に工業団地が冠水するようなことはないかどうかを見極めるものである。さらに一歩進んで、トポグラフィー・マップが契機となって、工業団地の近くに灌漑設備があるかどうか、その機能に支障はないかなどについて検討する機会を提供するものとなる。

　アメリカにおける土地を含む不動産の譲渡は、国籍を問わず、誰にでも認められるため、世界中の誰でもがアメリカ国内の不動産を購入することが可能である。インディアナ州は、アメリカ中西部のなかの中心地に位置しており、中西部一帯がなだらかな平坦地である。州都インディアナポリスは平均して海抜219メートルの位置にあるが、おおかたの地域はそれ以下の海抜しかない。このため、数

日間にわたって降雨が続くと、灌漑システムから水が溢れて洪水になる地域もある。したがって、アメリカ中西部の土地の購入には十分な注意が肝要である。

インディアナ州内にもウェットランド(Wetlands)と呼ばれる湿地帯があり、そこは美しい湖水地帯でもある。カウンティーのなかの9パーセントを超える土地がウェットランドで占められているカウンティーは、インディアナ州北東部のスチューベン・カウンティー(Stuben County)、ラグランジ・カウンティー(Lagrange County)、ノーブル・カウンティー(Noble County)、コスシウスコ・カウンティー(Kosciusko County)をはじめ、インディアナ州南西部のポジー・カウンティー、ギブソン・カウンティー、パイク・カウンティー、ウォーリック・カウンティー、そして、ジャクソン・カウンティーがある[4]。

因みに、インディアナ州でいちばん地形の高い場所は、緯度では州の中央部、経度では州東端に当たるウェイン・カウンティーの北部で、海抜1,257フィート(約383メートル)である[5]。このことからもアメリカ中西部の広大な一帯が、いかに平坦な地形であるかが判断できる。このようにトポグラフィー・マップは、海外からの進出企業にとって進出先の選定に必要な情報を提供してくれるものである。

インディアナ州においては地下資源が豊富で、石油、天然ガス、石炭などが多様に産出する。例えば、インディアナ州の北東部および南西部では石油、また、州の中央部では天然ガス、さらに州の南西部では石炭が豊富に産出する[6]。

第5項　土壌検査報告書

海外進出企業は、進出先の工業団地の一区画を購入する際、当該土地に関する土壌検査報告書を要求する。その理由は、当該土地に

含まれる物質が州の環境基準法による基準内の数値を維持しているかどうかを確認するためである。もし、その土地が以前、ある企業によって有害物質を使用し、あるいは有害物質を製造していた工場の後地である場合、その土地に有害物質が残留している可能性が残されているからである。そのような土地にいったん工場が建設され、後になって、その土地から有害物質が検出された場合、取り返しのつかない事態に陥ってしまう。

もし、有害物質が残留しているような可能性のある土地ならば、場合によっては土壌の入れ替え作業が必要となるが、初めて海外へ進出しようとする企業の場合、まず、そのような有害物質に汚染されているような土地の購入は当然差し控えて、有害物質による汚染の可能性がまったくない他の土地を探すことになろう。

工業団地の土壌検査は、州政府が認可した土壌検査専門のエンジニアリング会社によっておこなわれ、エンジニアリング会社が作成した土壌検査報告書は、州の公的な文書となる。原野を切り開いて造成した工業団地であるにも拘わらず、進出企業によっては、念のために再度その工業団地の土壌検査をやり直す企業がある。そのような場合、当該カウンティーあるいは市の仲介によって、地域のエンジニアリング会社が土地のボーリング調査を実施して、土壌検査がおこなわれる。そのための経費は、当然、依頼者による負担となる。

土壌検査のため期間は、それほど長期的な時日を要するものではない。土壌のボーリング調査は、ある程度、天候に左右される。例えば、10エーカー程度の工業団地のボーリング調査の場合、約1週間が大体の目安である。また、20エーカーの工業団地のボーリング調査の場合、その2倍の約2週間を必要とする。気候条件のよい夏季には作業時間が短縮され、逆に気候条件の悪い冬季には作業時間が

延長される場合が多い。工業団地のボーリング再調査によって、企業誘致が実現すれば、当該地域にとっては大いに歓迎すべきことである。

第6項　インフラストラクチャー

インディアナ州が潜在的な海外進出企業に対して提示する工業団地のインフラストラクチャー（Infrastructure）とは、電気、天然ガス、上水道、下水道、電話配線、高速インターネット設備が含まれる。インディアナ州におけるすべての工業団地の開発ならびにインフラストラクチャーの設備は、州政府のリーダーシップによって、各カウンティーをはじめ、カウンティー内の市、電力供給会社、天然ガス供給会社、電話会社、そして、各市の上下水道局などとの協力のもとに整備される。そして、インディアナ州におけるすべての工業団地は、これらのインフラストラクチャーが完備されていることが条件である。したがって、インディアナ州の工業団地を購入した海外進出企業は、すぐに自社の工場を建設することができるよう準備が整っている。

海外進出企業にとって、あらかじめインフラストラクチャーの完備された工業団地を購入した方が得策か、あるいは未開発の原野を廉価で購入して、自らの手で開発した方が得策であろうか。海外からの進出企業は、工業団地を購入して工場を建設する方法ではなくて、譲渡価格の割安な未開発の原野を廉価で購入して、自らの手で原野を開発し、工場を建設しようと希望するところが散見される。しかしながら、この方法は、手馴れない開発工事をおこなうための州政府に対する許可申請書の作成および手続き、それに建設ゼネラル・コントラクターとの実際的な契約手続きなど煩雑な事務作業が

あり、さらに、開発工事のためのコストが割高となる可能性がある。したがって、海外からの進出企業にとっては、最初からインフラストラクチャーが完備された工業団地を購入した方が得策といえるだろう。

インディアナ州の工業団地は、比較的にインターステート・ハイウェイへのアクセスが容易な場所に開発されている。インディアナ州の92のカウンティーにはそれぞれ複数の工業団地が開発されている。例えば、先述のように、バーソロミュー・カウンティーの『Columbus, Indiana, Community Audit 2004-2005』によると、同カウンティーには、工業団地、商業施設、オフィス・パーク、ビジネス・センターなどを含む全体で14カ所に及ぶ進出企業の受け入れ施設が完備されている。したがって、バーソロミュー・カウンティーへ進出しようとする海外からの進出企業は、進出先となる工業団地等の豊富な選択肢に恵まれる。

海外からの進出企業がインフラストラクチャーの供給を受ける上で、とくに、注意しなければならないことは、進出先地域の電力供給会社が、年間を通じて、停電がいっさいなくて、常に安定的な電力を廉価で供給してくれることが可能かどうかということである。日本では、電力供給がストップするようなことは稀であるが、このような常識は海外においては通用しないからである。

例えば、防災システム研究所のホームページによると[7]、2003年8月14日にニューヨーク州を含むアメリカ北東部およびカナダ南東部一帯で大規模な停電事故が発生した。この時の大規模停電は、ニューヨーク州、マサチューセッツ州、ペンシルベニア州、メリーランド州、コネチカット州、バーモント州、オハイオ州、ミシガン州をはじめ、カナダのトロントやオタワなど広範な地域に及ん

だ。この大規模な停電事故によって、ニューヨークの地下鉄や市内のエレベーターに多くに市民が閉じ込められるといった混乱が生じた。また、周辺の都市機能が完全に麻痺した。

　この大規模停電事故は、それだけの被害にとどまらなかった。その後、自動車工場などの基幹産業の操業が一時停止するなどの被害が出た。さらに、中西部のミシガン州やオハイオ州に進出している日系自動車メーカーおよび傘下の自動車部品メーカーは、生産中止という事態に追い込まれ、大きな損害をこうむった。

　しかしながら、インディアナ州一帯は、幸いにして複数の電力供給会社によって電力が供給されており、何らの悪影響をこうむることはなかった。海外からの進出企業が実際に工場進出しようとする場合、単に電力コストだけを調査するだけではなく、電力供給源ならびに過去の電力供給事情を十分に調査して、このような大規模な電力供給上の弊害が過去になかったかどうかを事前に検証しておく必要がある。

第7項　ユーティリティー・コスト

　海外へ工場進出しようとする企業にとって、ユーティリティー・コストは、企業財務に関わる重要な意味を持つものである。電気、天然ガス、上下水道、電話などに要するコストは、企業の維持管理経費の主要な部分を占めるからである。とくに、3シフトで操業しながら、大量のエネルギーを消費する鉄鋼産業やその他の重工業にとって、ユーティリティー・コストが管理費に大きくのしかかる。したがって、ユーティリティーのコスト比較は、海外進出企業の場所選定に際して、一つの決定的な目安となるものである。

　インディアナ州では、電力供給事情が安定し、消費者に対して廉

価な電力を供給できる。インディアナ州では、独占的な企業による電力供給システムではなく、シナジーPSI社をはじめ、アメリカン・エレックトリック・パワー社、ワバッシュ・ヴァレー・パワー・アソシエーション社、ヴェクトレン社、フージアー・エネルギー社、インディアナポリス・パワー・アンド・ライト社、インディアナ・ミュニシパル・パワー・エージェンシー社など多数の電力供給会社が共存し、電力供給会社の間で相互に安定した電力をできるだけ廉価で消費者に供給するために常に競争している。このことは、自由市場の競争原理に基づくよい面の現われである。

　天然ガスおよび上水道については、各地域の消費者自らが互助の精神で地域ごとに組合を結成して、より廉価な価格で上水道の供給を受けられるようにしている。通常、各市の運営によって、廉価で上水道が供給されるのが一般的である。アメリカでは、このようなシステムが普通に採られている。したがって、海外進出企業がインディアナ州へ進出すれば、こうした廉価で安定したエネルギーの供給を受けることが可能となる。

第8項　海外直接投資に対する地域の歓迎

　インディアナ州の各地域における日系の投資企業に対する歓迎度合いは、非常に高いといえよう。海外へ進出しようとする企業にとって、進出先のコミュニティーにおける進出企業に対する歓迎度合いは、大いに気になるところである。一般的に、アメリカにおける日系の進出企業に対する評価は極めて高い。とくに、製造業については、雇用者と被雇用者とが一体となって高度な品質の製品を生産し、よほどの事情がない限りレイオフしないなどの点が高く評価されているからである。インディアナ州においても日系の製造業に対する

評価は非常に高く、ぜひ日系の製造業で働きたいという希望者が多い。

　潜在的な海外進出企業に対する現地コミュニティーの代表による歓迎の書簡は、海外直接投資の誘致において、きわめて有効な手段といえる。海外進出を計画している企業が、フィージビリティー・スタディーのために、たびたび特定のコミュニティーを訪問するようになると、地域の経済開発専門家のみならず、当該市の市長までもがその事実を知るようになり、市長自らが当該企業に対して歓迎の意を表するための書簡を書き送ることはよくあることである。また、地域経済開発公社の専務理事たちからも同様に歓迎の書簡を書き送っている。当該地域としては、進出企業に対して、心からの歓迎の意を伝えて、地域経済開発のために熱心に投資を呼びかけている。そして、当該地域の経済発展に貢献して欲しいと希望する。市長自らがしたためた歓迎の書簡を受け取った潜在的な進出企業は、それに気をよくして、その場所を工場進出先として選定するということは珍しいことではない。

　州知事あるいは副知事からの潜在的な海外進出企業に対する歓迎の書簡もまた、海外進出企業の誘致においてもっとも有効な手段の一つである。インディアナ州政府にできることの一つは、州知事あるいは副知事の名前で、潜在的な投資企業に対して、歓迎の意を表わす書簡を書き送ることである。州知事あるいは副知事名の歓迎の書簡を受け取った潜在的な投資企業は、インディアナ州へ投資する確率が非常に高くなる。このように州知事の書簡による進出企業の誘致は、非常に有効な手段といえる。日本の潜在的な投資企業に対して、州知事に代わって副知事が歓迎の書簡を書き送ることがよくあるが、残念ながら、副知事の肩書きをそのまま正しく理解できな

い企業が多いのも事実である。2005年2月以前には、インディアナ州において進出企業の誘致を担当する政府機関としてインディアナ商務局が存在しており、副知事が商務局を統括していたため、日本の潜在的な進出企業に対して、副知事名で歓迎の書簡を書き送ることがよくあった。このため、2005年2月以前には、インディアナ州政府ジャパン・オフィスに対して、"Lieutenant Governor"の意味の問い合わせが後を絶たなかった。アメリカにおける副知事の肩書きは、すべて"Lieutenant Governor"で表わされるからである。

第9項　現地調査

　海外進出企業は、現地調査を通じて、工業団地あるいは既存の空きビルの問題点を明らかにすることが可能となる。潜在的な海外進出企業が、机上において調査できることをすべて完了した後、初めて現地調査を実施する手順となる。工業団地または既存の空きビルの現地調査では、大都市およびインターステート・ハイウェイから、工業団地または既存の空きビルまでの距離、時間、道路状態、道路の交通事情、工業団地のインフラストラクチャー、灌漑設備、机上で判別できなかった工業団地の地形、既存ビルの状況、販売価格、譲渡の条件、周辺地域の労働力、賃金水準、教育機関、レクリェーション施設、医療施設、住宅事情、地域住民の歓迎度合いなどについて確認できる。

　海外へ進出しようとする企業による進出先選定のための現地調査の時期は、進出プロジェクトの稼動開始時期から逆算して、工場建設準備期間、実際の工場建設期間、設備機器の搬入および設置期間、生産機材の試運転期間などを勘案して、十分な時間的余裕を以って実施されなければならない。海外からの直接投資企業による現地調

査は、プロジェクトの規模によって、プロジェクトの稼動開始時期から逆算して、およそ2年ないし3年前から数回にわたっておこなわれるのが一般的である。

現地調査のためには、少なくとも1カ所に1〜2時間を費やすほどの時間的余裕が必要である。日程的な都合によって、調査に十分な時間を費やすことができない企業が多数を占めることは、極めて残念なことである。潜在的な投資企業がアメリカ中西部へ工場進出しようとする場合、当然、一つの州だけでなくて出来るだけ多数の州で調査しようとする。もし、調査すべき物件が相互にかけ離れた位置に存在する場合、早朝に都心部のホテルを車で出発したとしても、午前中に1カ所、午後に2カ所の現地調査が限界であろう。しかしながら、調査すべき物件が相互に接近している場合、午前中に2カ所、午後に3カ所の調査が可能であろう。一つの州において、何マイルかけ離れた場所に存在する物件を1日何カ所にわたって調査するかということがポイントとなる。海外へ進出しようとする潜在的な投資企業による現地調査は、進出場所の最終決定までに数回にわたっておこなわれるのが一般的であるが、最終回には少なくとも進出プロジェクトの決定権を有する最高責任者による現地調査が求められる。

こうした投資企業による現地調査に対して、インディアナ州政府としては可能な限り万全の態勢で臨み、ぜひともインディアナ州への工場進出に望みを賭ける。インディアナ州政府のプロジェクト・マネジャーは、そのような企業の調査チームのためのホテルの予約、滞在中の車の手配、空港への送迎、調査物件視察のためのスケジュール作成、地域の労働賃金水準や失業率や労働組合の組織率に関する資料の作成、各物件への車での案内、各地域における地域経済開発

第2節　制度的課題への取組み

第1項　課税制度

　アメリカ合衆国には50の州があり、各州がそれぞれ独自の州憲法を有し、50通りの課税制度がある。インディアナ州政府法制局・財務管理分析局発行の2005年度の税・歳入・歳出ハンドブックによると、インディアナ州における税源は、主として消費税(41パーセント)、個人所得税(34パーセント)、法人所得税(7パーセント)、自動車燃料税(7パーセント)、その他タバコ税など(6パーセント)、ギャンブルを認可したリヴァーボート税(5パーセント)などで、年間税収は総計122億8,200万ドルであった。

　1930年代以降、すべての州政府は二つの分野、つまり税収ならびに消費税から財源を得ている。前者は個人および法人所得税、後者は小売り、ある特定の売上げの消費税、各種税金などが含まれる。ほとんどの州が野菜や果物などの未加工食品、処方箋による調剤、衣料品などの実用品を免税扱いとしている。すべての州が、税率は異なるものの、ガソリンおよびタバコさらにはアルコール飲料の販売から税収を得ており、いくつかの州がこれらを専売扱いとしている。アルコール飲料ならびにタバコの販売から得られる税収は、「罪」の税金として位置づけられており、いつでも税率の調整が可能な品目として取り扱われている[8]。

　インディアナ州もまた他州と異なる独自の課税制度を施行している。インディアナ州議会は、2002年6月22日に歴史的なインディア

ナ州の課税制度改革法案を通過させ、州課税制度の構造を単純化かつ近代化した。インディアナ州の企業法人は、小規模企業ならびに非営利団体を除いて、企業法人調整済み総所得税8.5パーセントを納税する。個人所得税は3.4パーセント、消費税は6パーセント、不動産税は州平均で評価額の3.0311パーセント、ガソリン燃料税はガロン当たり0.18ドル、ディーゼル燃料税はガロン当たり0.16ドル、労働者災害補償費は製造業平均率で100ドル当たり1.88ドルであった。

 2005年2月現在の米国中西部諸州における平均的な労働災害保障費は、企業が100名を雇用している場合、インディアナ州の7万1,733ドルに対して、イリノイ州16万5,502ドル、アイオワ州10万1,295ドル、ケンタッキー州14万5,784ドル、ミシガン州19万7,398ドル、ノースカロライナ州10万2,600ドル、オハイオ州15万5,324ドル、ペンシルベニア州17万5,918ドル、テネシー州16万6,274ドル、ウィスコンシン州11万6,737ドルとなっており、また、同様に東ニューヨーク州では26万4,417ドル、カリフォルニア州では59万9,628ドルとなっている[9]。

第2項　環境基準

 アメリカにおける環境保護運動の高まりは、1970年4月22日に全米各地で開催され、全国で2,000万人が参加した第1回地球の日（Earth Day）に象徴される。それ以前のアメリカにおける環境保護は、基本的には州および地方自治体の責任であった。それまで州政府ならびに地方自治体は、環境保護に対してあまり関心を払っていなかった。1970年代の初め、公共の環境保護に対する関心の高揚によって、連邦政府が主導的な役割を果たすようになり、二つの重要な法案、つ

まり1970年クリーン・エアー法(Clean Air Act of 1970)ならびに1972年クリーン・ウォーター法(Federal Water Pollution Control Act of 1972)が議会を通過した。この二つの法律が、たびたび修正を加えられながら、今日の環境保護の基礎となっている。その後、ある程度の停滞の時期を経験しながら成長を続けて、環境保護政策の領域において、かなり安定した影響力を確保していると考えられる[10]。

アメリカにおける環境保護政策が、この二つの法律の通過を境にして、大きく前進することとなった。言い換えれば、アメリカの環境保護政策は、それまで各州ならびに地方自治体まかせで、連邦政府としては無策であったといえよう。

アメリカの州政府ならびに地方自治体における環境保護政策について見てみると、環境保護における各州政府の役割は、基本的に環境保護政策を立案し、実施する過程において、連邦政府が決議した目標を目指して、政策の成り行きを監視し、かつ法律を遵守することである。今後、各州政府は、発生源を特定できないような汚染による環境問題の解決に立ち向かわねばならない。また、地方自治体は、連邦政府ならびに州政府のガイドラインに基づいて、上下水道の供給をはじめ、固形廃棄物の処理、下水道処理などのサービスを提供することである[11]。

インディアナ州政府は、海外からの直接投資の誘致において、インディアナ州環境基準(Environmental Regulations of Indiana)に則って厳しく対処している。インディアナ州には、連邦政府が定めた基準に基づいて、インディアナ州環境基準として、空気汚染基準(Air Pollution Control)、水質汚染基準(Water Pollution Control)、固形廃棄物基準(Solid Waste Management)があり、それぞれ厳しい規制が施行されている。インディアナ州政府では、企業誘致との関係にお

いて、インディアナ経済開発公社に法令監査室(Office of Regulatory Ombudsman)を設置し、進出企業が製造工程において有害物質を使用あるいは製造する可能性がある場合、事前審査を実施して、インディアナ州への投資を容易にするためのアドバイスをおこなっている。法令監査官の主要な業務内容は、インディアナ州政府の許認可を受けようとする進出企業を支援すること、インディアナ州政府と進出企業との間の橋渡しをおこなうこと、インディアナ州政府の規制および要求事項に関する情報を進出企業へ提供することなどである[12]。法令監査室は、インディアナ州の環境保護法によって、進出企業を締め出すものではなく、インディアナ州への投資を容易にするためのアドバイスをおこなうためのものである。

　インディアナ州へ工場進出しようとする企業は、インディアナ州政府から許認可を得るために、厖大な量の「インディアナ州環境保護法」を読む必要はなく、法令監査室に対して、どのような種類の有害物質が、どのくらいの期間、どのくらい排出されるか、ということを連絡するだけでよい。法令監査室は、これらのデータをインディアナ州環境保護法に照らし合わせて、どのような措置を施すべきかについて、進出企業へアドバイスする。

第3項　労働力

　アメリカ商務省統計局によると、2005年のインディアナ州の総人口は605万8,930人で、323万3,000人が就労している。このうち86.8パーセントに当たる526万42人が白人で占められ、8.1パーセントに当たる49万510人が黒人またはアフリカ系アメリカ人、1.1パーセントに当たる6万5,891人がアジア系アメリカ人、0.2パーセントに当たる1万3,534人がアメリカ・インディアンなどとなっている[13]。

2004年6月2日、筆者はインディアナ州コロンバス経済開発局のプレジデントであるブルック・タトル(Brooke Tuttle)氏を訪問し、インディアナ州の人種的特徴について話を伺うことができた。ブロック氏によると、インディアナ州における人種的な特徴は、86.7パーセントの白人のうち、ドイツ系の人種が圧倒的な多数を占めている。工業州であると同時に農業州でもあるインディアナ州では、秋の農作物の収穫時期になると、州内のいたるところでいわゆるドイツ式のビール・フェスティバルが開催され、そして、ドイツ語が飛び交う。インディアナ州には、いまだにドイツ語を話す人々が多数いて、ドイツ語の新聞が発行されているほどである。

　また、工業が盛んなインディアナ州は、多数の技術労働者の存在が特長の一つである。インディアナ州政府労働開発局の統計によると、インディアナ州では総人口の半数に当たる約320万人超が就労している。2005年10月現在、インディアナ州の労働人口323万3,626のうち、特に、製造業に従事する人口が57万500で、全体の約五分の一を占めている[14]。これはインディアナ州が製造業に重点をおいた産業構造になっていることを如実に物語っている。このように、インディアナ州は、元来、鉄鋼産業や自動車産業などの基幹産業をはじめ、機械器具、電気・電子、医療機器、航空機エンジン・部品、家庭用電気製品などを中心とした工業の盛んな州で、圧倒的に技術労働者が多い。

　一方、インディアナ州政府は、技術労働者の養成にも力を注いでいる。インディアナ州には、技術者を育成するための大学教育訓練施設が整っている。技術系の大学としては、パデュー大学をはじめ、インディアナ・ステート大学(Indiana State University)、バトラー大学(Butler University)、ローズ・ホルマン大学(Rose-Hulman Institute)、ヴィ

ンセンス大学(Vincennes University)などがある。また、インディアナ大学をはじめ、ノートルダム大学(Notre Dame University)、ボールステート大学(Ball State University)、アーラム大学(Earlham College)、エヴァンズヴィル大学(University of Evansville)など全体で74の大学がインディアナ州の技術者養成に力を入れている。すでに述べたように、インディアナ州政府が財政支援している職業技術教育訓練のための「IvyTechコミュニティー・カレッジ・オブ・インディアナ」が、インディアナ州全域にわたって30マイルごとの23カ所に点在し、技術者養成に力を入れている[15]。

　労働賃金水準は、都市部や郡部の違いで大きく異なる。インディアナ州へ工場進出しようとする投資企業のなかには、フィージビリティー・スタディーに際して、州全体の平均的な労働賃金水準を調査する企業があるが、これほど無益なものはないといえよう。なぜならば、労働賃金水準は、カウンティーごとに大幅に異なるからである。アメリカへ進出しようとする企業は、ある程度進出先の場所を絞り込んだ後で、当該カウンティーに限定した労働賃金水準をフィージビリティー・スタディーの調査項目に加えるべきである。

　アメリカにおける労働組合の組織率は、近年、次第に地域差が減少しつつある。新たにインディアナ州へ工場進出しようとする日系の投資企業のなかには、労働組合の組織率に地域差が存在するのではないかとの疑問を持っている企業が多数を占める。日系の潜在的な投資企業は、一般的に労働組合の組織率をあまりにも気にし過ぎる嫌いがある。日系の進出企業のなかには、地域の労働組合組織率を調査して、できるだけ労働組合組織率の低い地域へ進出しようとする企業が多い。インディアナ州では、自動車および自動車関連産業が盛んで、このため、インディアナ州で労働組合といえば、業種

によっては全米自動車労働組合（UAW＝United Auto Workers Union）[16]
を意味するほどである。UAWはアメリカ各州のあらゆる自動車関連企業に対して、同労働組合への加盟を呼びかけている。地域によってUAWへの組合組織率が異なるということはあり得ない。したがって、アメリカへ工場進出する企業が、労働組合組織率に地域差が存在するのではないかという疑問には何ら論拠がない。UAWの上部機構である米労働総同盟産別会議（AFL・CIO）は、1955年、ジョージ・ミーニーの指導のもとで、アメリカ労働総同盟（AFL）および産業別労働組合会議（CIO）が合併して新しい組織として生まれ変わったものである[17]。

第4項　インセンティブ

　過去の四半世紀を通じて、日本からアメリカへ進出する企業形態に大きな変化が見られるようになった。筆者の経験則によると、1980年代には、日本の大規模企業による対米投資が最盛期を迎えていた。また、1990年代に入って、日本の中規模企業による対米投資が多数を占めた。そして、2000年代に入って、日本の小規模企業による対米投資が中心となってきた。

　このような一般的傾向とともに、アメリカへ投資しようとする日系企業のフィージビリティー・スタディーにおいて、インディアナ州政府に対する質問内容にも変化が見られるようになった。1980年代の大規模企業および1990年代の中規模企業の対米投資のための州政府に対する質問内容は、まず、進出先の場所を選定するための内容が多数を占めていた。

　しかしながら、2000年代に入って、小規模企業による対米投資のための州政府に対する質問内容には、第一にインセンティブに関す

る質問事項があげられるようになってきたことである。つまり、インセンティブ目当てで、より有利な条件のインセンティブを提示してくれる州へ進出しようとする傾向が、多く見られるようになってきた。

　アメリカの州政府のなかで、対米投資を計画している海外の進出企業に対して、工業団地を無償で提供する州があることは、よく知られている。各州政府は、当該州への直接投資を切望して、それぞれ潜在的な投資企業に対して魅力的なインセンティブをオファーし、積極的な企業誘致の促進に余念がない。州政府によっては、海外からの投資企業に対して、最初から工業団地を無償で提供するところもある。しかしながら、多くの州政府では、工業団地の無償提供ではなくて、投資の規模に見合うインセンティブを提供しようというのが基本姿勢である。

　海外からの投資企業に対して、工業団地を無償で提供する州が存在する理由は、工業団地の開発経費がそれなりに支出されていることであろうが、やはり全体的に土地の譲渡価格そのものが割安であるということであろう。海外からの投資に対する州政府のもっとも重要な目的は、新たな職場を創出して、地域の労働者を失業から救済することである。そして、州政府は、海外からの投資企業が長期的に地域経済に貢献し、やがてより広範に州全体の経済に貢献してくれること強く望んでいるのである。

　インディアナ州政府は、海外からの投資企業に対して、雇用人数、賃金レベル、賃金支払額、全体の投資総額などの各種条件によって、いろいろなインセンティブを提供している。法人税控除プログラム、融資保証プログラム、製品開発商品化プログラム、教育訓練支援プログラム、労働力投資支援プログラム、技術専門家養成支援プログ

ラム、地域技術訓練支援プログラム、コミュニティー開発一括補助訓練プログラム、産業開発融資プログラム、産業開発インフラストラクチャー・プログラム、産業開発融資プログラム、産業開発地域税額控除プログラム、法令監査活用プログラム、製造支援プログラム、認定開発企業支援プログラム、資本調達プログラムなど30以上のインセンティブ・プログラムがある[18]。いずれのインセンティブ・プログラムも海外直接投資企業にとって非常に魅力的な内容のものである。

また、インディアナ州内の各市およびカウンティーなどの地方自治体が、海外からの投資企業に対して提供できるインセンティブがある。地方自治体のインセンティブとしては、不動産の課税制度に関する減免措置が主流である。地方自治体では、海外からの投資企業に対して、一般的に初年度の不動産税を100パーセント控除し、2年目に95パーセント控除、3年目に90パーセント控除というように10年間にわたる不動産税控除プログラムを提供している。そして、工場進出後11年目にいたって、初めて不動産税を100パーセント納税してもらう。

インディアナ州平均不動産税率は、土地評価額のわずか3.0311パーセントである。この不動産税控除プログラムは、インディアナ州の各地方自治体による寛大さから生まれたものである。また、各カウンティーでは、地域経済開発公社が中心となって、投資企業に対して、地域にしっかりと根付いて成長してもらうために、各種の支援を継続的におこなっている。

【注】

（1） Indiana Historical Bureau: http://www.statelib.lib.in.us/www/ihb/emblems/index.html

（2） Ports of Indiana: http://www.portsofindiana.com/

（3） 五十嵐敬喜・小川明雄『都市計画―利権の構造を超えて』（岩波新書、1998年、p.50-p.51） Thomas R. Dye: *Politics In States And Communities−Tenth Edition*, Prentice-Hall, Inc., Upper Saddle River, 2000, p.400-p.405

（4） Jeffrey Wilson: *Indiana in Maps−Geographic Perspectives of the Hoosier State*, The Jackson Group, Indianapolis, 2002, p.11

（5） *Ibid.*, p.6

（6） Jeffrey Wilson: *Indiana in Maps−Geographic Perspectives of the Hoosier State*, The Jackson Group, Indianapolis, 2002, p.5

（7） 防火システム研究所 http://www.bo-sai.co.jp/

（8） Michael Engel: *State & Local Government−Fundamentals & Perspectives*, Peter Lang, New York, 1999, p.198. David R. Berman: *State and Local Politics−Ninth Edition*, M.E.Sharpe, Armonk, 2000, p.317. Indiana Legislative Services Agency; Office of Fiscal and Management Analysis: *Indiana Handbook of Taxes, Revenues, and Appropriations−Fiscal Year 2005* Indianapolis, 2006, p.1-p.3

（9） Indiana Economic Development Corporation: www.iedc.IN.gov

（10） David C. Saffel and Harry Basehart: *State and Local Government−Politics And Public Policies−Seventh Edition*, McGraw-Hill, Inc., Boston, 2001, p.288. Robert S. Lorch: *State & Local Politics−The Great Entanglement−Sixth Edition*, Prentice-Hall, Inc., Upper Saddle River, 2001, p.400-p.403

（11） 五十嵐武士・古矢旬・松本礼二『アメリカの社会と政治』（有斐閣、2002年、p.292-p.293）

（12） Indiana Economic Development Corporation: www.iedc.in.gov; http://www.in.gov/iedc/regulatory/

（13） U.S. Bureau of Census: http://quickfacts.census.gov/qfd/states/18000.html

（14） Geraldine Gambale: *Area Development−Site and Facility Planning−2006 Directory*, Halcyon Business Publications, Inc., Westbury, 2006, p.76. Indiana Department of Workforce Development: http://www.in.gov/dwd/inews/lmi.asp

（15） Indiana Economic Development Corporation: http://www.in.gov/iedc/pdfs/OpenForBusiness.pdf;
IvyTech Community College of Indiana: www.ivytech.edu

（16） The International Union, United Automobile, Aerospace and Agricultural Implement Workers of America（UAW）: http://www.uaw.org/about/

uawmembership.html
(17) The American Federation of Labor and Congress of Industrial Organizations (AFL・CIO): http://www.aflcio/aboutus/thisistheaflcio/
(18) Indiana Economic Development Corporation: www.iedc.in.gov/iedc/pdfs/OpenForBusiness.pdf

第5章　日系進出企業の行動様式

　太平洋を越えてアメリカへ工場進出する日系進出企業が、文化、言語、民族、ビジネス慣習、生活環境などすべてが異なる環境のなかで、いろいろな問題に遭遇し、それらの問題解決に挑戦している。また、海外直接誘致政策を積極的に展開しているインディアナ州では、可能な範囲でこれらの諸問題の解決のために海外進出企業と協働して取り組んでいる。本章では、日系企業がこのような多民族ならびに異文化の環境のなかで、どのような思考パターンを以って現地へ臨み、アメリカのビジネス風土のなかで、どのような企業経営に当たり、そして、現実的にどのような葛藤を繰り広げているのか、また、これらに対応するインディアナ州の取組みは、どのようなものなのか、という点について論究する。

第1節　日系進出企業の思考パターン

第1項　初期投資

　日本から海外直接投資をおこなう企業の規模は、時代とともに次第に大規模企業から中規模企業へ、そして、中規模企業から小規模企業へといった変化が見られるようになった。日本の大規模な企業は、それなりに大規模な投資をおこなってきたが、海外進出企業の小規模化とともに、投資総額においても小型化への変化が見られる

ようになってきた。同時に、海外進出企業の思考パターンにおいても変化が見られるようになった。

このように小規模な日系企業が海外へ直接投資するようになった背景には、日本国内におけるさまざまな経済的事情が存在する。第一に、日本国内の製造業にける系列化がますます進展してきたことである。第二に、顧客企業による製品価格の引下げ要請が強まってきたことである。第三に、国内消費人口の減少によって、国内需要が減少してきたことである。そして、第四に、小規模な企業でさえも市場の維持ならびに拡大のために、企業の存亡を賭けた海外市場の開拓を試みる以外に生き残る方法はないと考えらえるようになってきたことである。

したがって、小規模な日系企業にとっては、資金的余裕がないため、海外への直接投資に際して、可能な限り初期投資額を低く抑えようとする傾向が見られる。そのために、工業団地を購入して、自社工場を建設するという方法ではなく、既存の空きビルを探して、それをリースで借り受けて使用する方法が、多く採られるようになってきた。

さらに、リース物件の利用さえも節約しようという小規模な企業も出現してきて、工場の進出先地域において、適当な合弁事業のパートナーを探し、パートナー企業の工場生産設備を利用しながら、自社製品を製造し、現地での新たな市場を開拓しようとする日系企業さえ出現しつつある。

小規模な日系企業が海外の合弁事業パートナーとの合弁契約を進める場合、大きなリスクを伴うことがある。なぜならば、小規模な日系企業は、国際的なビジネスにおける経験が乏しく、契約条件を十分に吟味しないまま、最終的な契約にいたることがあるためであ

る。このような合弁事業はあまり長続きせず、ほどなく契約解除へと進み、結局、新たな市場開拓までにはいたらないケースが散見される。

ここで、インディアナ州政府として、そのような進出企業に対して支援できることは、ほとんど見当たらない。合弁事業のパートナーを探し出すことは、きわめて困難なためである。このような要請は、近年ますます増加傾向にあるものの、こうした進出企業の誘致を成功へ導くことは、至難の業である。しかしながら、今後、このようなケースが、ますます増加していくものと推測される。

第2項　平均的失業率

潜在的な海外進出企業が、アメリカ国内で進出先を選定する場合、州全体の失業率を調査項目の一つに加えることは、どれほどの意味があるのだろうか。ほとんどの潜在的な進出企業が、進出先を検討する際、州全体の失業率を調査項目の一つとし、フィージビリティー・スタディーのなかに加えている。進出企業は失業率が高ければ高いほど、雇用が容易になると考えているようである。しかしながら、いくら失業率が高くても、必要な労働力が得られなければ無意味である。失業率が高い州であっても、需要に見合う労働力が得られるとは限らないのである。

インディアナ州政府労働開発局(Indiana Department of Workforce Development)によると[1]、アメリカの各州政府では、カウンティーごとに毎月失業率を算出している。失業率は、カウンティーによって大きく異なるのである。したがって、潜在的な進出企業が、アメリカでの進出先を選定するための調査項目の一つに州全体の失業率を加えることは、あまりにも的外れであるとしかいいようがない。

失業率に関する調査は、ある一定のおおまかなフィージビリティー・スタディーが終了した後、進出先がいくつかの候補地に絞られた段階で、カウンティーごとに実施すべき事項である。インディアナ州としては、潜在的な海外直接投資企業に対して、このような実態を訴え続けている。しかしながら、その成果はいっこうに見られないというのが実情である。

　例えば、労働人口20万のカウンティーで失業率が5パーセントの場合、実際の失業者数は1万人である。他方、労働人口2万のカウンティーで失業率が10パーセントの場合、実際の失業者数はわずか2,000人である。そこには単純に失業者数で5倍の格差が生じている。

　一般的に高度な技術労働者は、都市近郊に住居を構えがちである。また、高度な技術を有する労働賃金水準は決して低くはない。しかしながら、人口の少ない田舎街には高度な技術を有する技術労働者の数は限定的である。

　この例からも理解できるように、失業率はカウンティーごとに大きな差異があるということである。もっともアメリカ中西部地域における平均的な労働者の通勤時間は、車で約30分ないし45分以内ということであるから、アメリカ中西部州の各カウンティーの大きさから判断すると、隣り合わせるカウンティーの労働者たちが相互にカウンティーのボーダーラインをまたぐ形で通勤していることになる。

　海外からアメリカへ進出する企業が、工場進出先において高度な技術労働力を確保しなければならない場合、事前に進出先の州が本来工業州であるか、農業州であるかを十分に調査しておかなければならない。なぜならば、工場進出先の州が本来工業州であったか、農業州であったかということは、高度な技術労働者の雇用が可能か

否かという重要な目安となるからである。

　インディアナ州の地域経済開発専門家の情報によると、労働賃金水準が割安であるという条件に魅了されて、アメリカ南部の製造業不毛地帯へ工場進出した日系自動車メーカーが、技術労働者の雇用において大変な苦労を強いられているという現実がある。そこは本来農業州であって、技術労働者がほとんどいないからである。一般的に、農業州の平均賃金は比較的安く、工業州の平均賃金は比較的高い。このことも実情を知らない日系の進出企業が陥り易い盲点の一つである。単に平均賃金が安いという点に惹かれて海外進出を果たしても、技術労働者がいなければ、技術労働力の雇用の段階で困難に直面することになる。

　さらに、アメリカの都市近郊に居住する高度な技術労働者を他州の田舎街へ勧誘するには、多額の奨励金のほかに、引越し費用などの余分な経費が嵩む。しかも都市部に長年居住していた技術労働者は、住み慣れない農業州の片田舎へなかなか引っ越したがらないという事情がある。高度な技術労働者を雇用する必要がある海外進出企業は、進出先の州が本来工業州であるか、農業州であるかということを事前に十分に調査して、注意深く進出先を選定する必要があるといえよう。

第3項　労働組合
　日系海外進出企業の労働組合に対する拒否反応は、きわめて過剰であるといえよう。一般的に、アメリカへ工場進出する日系企業は、労働組合を非常に忌避する傾向がある。日系の潜在的な海外進出企業は、フィージビリティー・スタディーの段階において、まず、進出先周辺地域における現地企業の労働組合組織率を調査して、その

結果によって、あまりにも労働組合組織率が高ければ、他の進出候補先を探すというほどである。例えば、ある地域は、昔から労働組合運動が盛んな地域であるから、そのような地域は、進出先候補地から除外するという具合である。

　アメリカにおける労働組合運動は、時代の経過に相まって、労働組合自身の弱体化とともに、次第に下火になってきている。アメリカにおける労働組合運動は、1955年に米労働総同盟産別会議（AFL・CIO）が結成されたが、その後、アメリカの労働組合運動は着実に後退し始めた[2]。2005年7月26日付け日本経済新聞によると、2005年7月25日に産別労組の全米サービス従業員労組（SEIU）、トラック運輸労組「チームスター」（BT）、食品・商業労組（UFCW）が、米労働総同盟産別会議から離脱して分裂した。こうした背景には、製造業の衰退ならびにサービス業の台頭という現実があるという。

　アメリカにおける近年の労働組合の組織率に地域差は存在しない。米労働総同盟産別会議傘下の全米自動車労組（UAW）は、自動車関連産業が盛んなアメリカ中西部各州においてかなりの影響力があり、米労働総同盟産別会議の主要メンバーとしてその存在は依然としてきわめて大きい[3]。

　全米自動車労組は少しでも組合メンバーを増やす目的で、アメリカ全土のある程度の規模のすべての自動車関連メーカーに対して、一様に加盟を呼びかけたり、企業内へオルグを送り込んで組合の組織化を試みたりしているが、なかなか成果が上がらないもようである。実際に、2006年1月現在、インディアナ州へ工場進出した日系企業235社のうち、約90パーセントが自動車関連のメーカーで占められているが、そのうちのわずか1社だけが全米自動車労組に加盟している。日系の自動車関連メーカーの全米自動車労組への加盟は、

これまで殆んど例がなく、全米自動車労組の日系自動車関連メーカーに対する苛立ちが窺える。

全米自動車労組は、全米のすべての自動車関連メーカーに対して、組合加盟へのアプローチをおこなっているので、地域によって組合組織率に格差が生じることはないといえよう。したがって、潜在的な日系の進出企業が、労働組合組織率の高い地域を避けようとすることは、まったく的外れな思考方法といえよう。

2006年1月末にいたって、アメリカ自動車メーカーのゼネラル・モータース[4]およびフォード・モータース[5]は、日系自動車メーカーの激しい追い上げに会って、大規模なリストラ計画を発表した。このことによって、ゼネラル・モータースへ大量の自動車部品を供給していたデルファイ・コーポレーション（Delphi Corporation）[6]は、2005年10月に経営破綻し、全米自動車労組との関係が悪化した。アメリカ労働省労働統計局によると[7]、近年、アメリカ企業の労働組合への加盟率が著しく低下してきている。これは、日系の対米進出企業だけでなく、アメリカ企業においても労働組合への加盟を忌避する傾向が現われていると見ることができる。

それでは、アメリカへ工場進出した日系の進出企業が、労働組合への加盟を阻止するために、どのような施策を講じればよいのであろうか。企業の労働組合化は、従業員の選挙の多数決によって決まる。もし、対米進出企業が組合化を阻止しようとするのであれば、現地企業法人を設立して、地元の労働者を雇用した後、企業と従業員の関係をできるだけ良好に維持し、「企業と従業員は一致協力して企業と従業員の家族を守るため、一つの目標に向かって邁進している」ことをあらゆる機会を捉えて確実に従業員へ伝え、従業員が労働組合の組織化へ向かわないように仕向けることが大切であるとい

えよう。

第2節　日本式経営

第1項　現地企業経営者

　アメリカへ工場進出した現地日系企業の経営者が、アメリカの進出先において、独自の経営カラーを打ち出すことは極めて困難である。アメリカへ工場進出した日系企業は、企業規模の差こそあれ、多かれ少なかれ日本の本社経営陣の意向に完全に沿う形で経営に臨んでいるというのが現実であろう。筆者の経験則では、大規模な日系企業の現地企業経営者は、日本の本社の課長クラスであり、また、中規模の日系企業の現地企業経営者は、日本の本社の部長クラスである。さらに、小規模な日系企業の現地企業経営者は、日本の本社の取締役クラスであろう。このように企業規模によって、現地経営陣の顔ぶれに変化が見られる。いずれの場合においても現地企業の経営方針は、日本の本社からの意向が大きく反映される。

　海外へ工場進出したほとんどの日系企業の経営者は、日本の本社経営陣の意向に沿った経営方針を採っている。したがって、現地企業の経営上、何らかの懸念材料が生じると、実質的な経営的責任は、結局、日本の本社経営陣が取ることになる。このことから、現地企業の経営者は、日本の本社経営陣のマリオネットの域を出ないものといえよう。しかしながら、現地企業の経営者は、現地の法律に則って、経営責任者としての責任が存在する。現地日系企業の経営者は、マネージメントにおいては日本の本社経営陣の意向に従いながら、他方、現地企業の法的責任を担う立場にあって、そのギャップをうまく乗り越えることが、現地日系企業の経営者の現実的なディレン

マであるという。

　日本から海外へ進出していった海外現地企業は、日本の本社から見れば、あくまでも現地子会社であるが、現地企業としては、あくまでも独立した現地企業法人である。例えば、インディアナ州へ進出した企業なら、インディアナ企業法人である。しかしながら、日本の本社の系列子会社であることには相違ない。現地日系企業法人の経営トップにとっては、常に日本の本社からの重圧が大きくのしかかっているのである。

　中小規模の企業においては、日本の本社の経営トップが海外の現地子会社の経営トップへ何かを連絡しようとする場合、直接、電話で用件を伝えようとする傾向が多々見られる。とくに、中小企業の経営者のなかには、直接、電話で確認しないと気がすまないという考えの人がいる。このような場合、日本は昼間であっても、海外の現地は夜間の場合がある。因みに、インディアナ州においても2006年から夏時間制が採用されるようになったため、日本とインディアナ州との時間差は、夏季には13時間、冬季には14時間である。インディアナ州の日系現地企業の経営トップによると、日本の本社の経営トップからの電話連絡は、ほとんど現地の営業時間外におこなわれているというのが実情である。

第2項　日本式経営システム

　アメリカへ工場進出した日系の現地企業で働く従業員の間には、日系企業に対する満足と不満足が同時に潜んでいる。インディアナ州で法律的なサービスを提供している弁護士や企業会計のサービスを提供している公認会計士の話を総合すると、現地の日系企業で働く多くの現地従業員は、アメリカ中西部へ工場進出した日系企業の

経営姿勢そのものに対して、大きな不満を抱いているという。つまり、現地の日系企業において、現地労働者がいくら精を出して働いても、企業の上層部の座には上り詰めることはできないという「悪い側面」が表面化しているということである。このことが、日系の現地企業で働く従業員の労働意欲を削ぐ最大の要因となっているという。

シーモア・M.リプセットは、著書『アメリカ例外論』のなかで、「アメリカ人は、自分の国を、個人が誠実に一生懸命働けば、見返りがある国、すなわち、政府と政治は別として、まだちゃんと機能している国と依然として見なしている。政府とその他の機関は腐敗して非効率的と見られているとしても、アメリカン・ドリームはまだ生きている」と述べている[10]。アメリカのビジネス風土においては、誰でも努力すれば、それなりに地位が上がり、それに伴って収入が上がるというのが常識である。アメリカン・ドリームという思想は、アメリカにおいては努力すれば、誰でも夢を実現できるという考え方である。

すなわち、現地の日系企業においては、まったくそのようなビジネス環境ではなく、従業員がいくら努力しても地位は上がらず、それに伴って収入もそれほど順調に上がらず、何の夢も実現できないという「悪い側面」が表面化しているのである。こうした現実は、従業員にとってアメリカン・ドリームを実現できない異質な労働環境であり、アメリカン・ドリームから遠くかけ離れた特異なジネス環境であるといえよう。

他方、アメリカへ工場進出した日系企業の「よい側面」とは、どのようなことであろうか。日系の現地企業は、現地の従業員にとって、企業経営そのものが非常に安定しており、従業員をめったにレイオ

フすることがなく、家族の生活を維持するためには比較的安定しているという。これは、日系企業の一つの「よい側面」の現われである。この意味では、日系の現地企業は、従業員に対して、優れた生活条件を提供しているといえよう。日系企業17社の誘致に成功しているインディアナ州バーソロミュー・カウンティーのコロンバス経済開発局のプレジデントであるブルック・タトル氏は、この意味において、日系の現地企業に対する評価はかなり高いと語っている。

アメリカにおける日系の現地企業は、今後、従業員対策に努力していかなければならない。まず、現地の従業員の働く意欲を十分に引き出すために、企業として従業員に対するインパクトのあるインセンティブを提示していく必要があるだろう。そのためには現地における企業の経営理念ならびに企業組織そのものの大幅な改善が必要となるだろう。つまり、現地従業員が企業の上層部の座に上り詰めることができるような思い切った企業組織ならびに企業理念の改革が強く求められる。

名古屋市内に本社をおく自動車部品メーカーの株式会社槌屋は、1986年、インディアナ州中央部のインディアナ大学の本部機構があるブルーミントン近郊へ工場進出し、現地法人タサス・コーポレーション（Tasus Corporation）を設立した。当初の数年間、工場立ち上げのため、日本の本社から派遣された日本人社長が現地企業の経営に当たった。その後、日本本社の社長大原康之氏による「現地法人の完全な現地化」という強力な意向に基づいて、現地法人の社長を現地アメリカ人に託すことになった。しかもアメリカ人社長がたまたま女性であったということもあって、その後、現地の新聞やテレビなどのメディアから引っ切りなしの取材申し込みがあり、企業PRという点からも大きな効果があったという。同社は、現地企業トッ

プとしての社長の座にアメリカ人女性を起用したことによって、現地従業員の働く意欲を存分に引き出すことができたということである。現地における企業経営の成功例として同社を挙げることができよう。

第3項　企業市民への脱皮

海外へ工場進出した日系企業は、利益のみを追求する企業経営に陥りがちである。これらの日系企業のなかには、豊富な資産を保有している大規模な進出企業をはじめ、ある程度の資産を保有している中規模の進出企業、そして、保有資産の少ない小規模な進出企業がある。いずれの企業規模の海外進出においても、企業は銀行から最大限に資金を借入れ、それを進出企業の経費に充当している。海外へ進出した企業は、銀行からの借入金をできるだけ早期に返済しようという考え方から、積極的な利益追求型の企業経営に乗り出そうとする。

海外への工場進出を果たした日系現地企業は、現地のビジネス慣習にも配慮しなければならない。また、現地コミュニティーにおけるさまざまな不慣れなビジネス慣習にしたがって、少なくとも現地の環境に合わせながら、企業経営に努力していくことになる。単に利益追求のためだけに懸命に努力し、従業員に対して滞りなくある一定の賃金を支払い、規定の税金を毎月支払うだけでは十分とはいえない。それだけでは、まだ現地における企業市民としての義務を果たしていることにはならない。

現地企業の経営者は、企業は立派な企業市民でなければならない、という認識を忘れてはならない。利益追求型の経営志向から企業市民への脱皮が必要である。企業市民が活躍できる場所は、あらゆる

ところに残されている。アメリカのビジネス風土のなかでは、日本式の企業経営理念だけでは、まったく通用しないといえよう。そうしたことは、日系現地企業にとっては厳しいものとして映るかも知れないが、いったん海外へ進出したからには、進出先のビジネス環境に合わせた企業の経営姿勢が問われるからである。

2006年1月現在、インディアナ州へ工場進出している日系の自動車メーカーとしては、Toyota Motor Manufacturing Indiana, Inc.[8]ならびにSubaru of Indiana Automotive, Inc.[9]の2社があるが、この両者は、ともに現地の企業市民として、それぞれのコミュニティーに溶け込むために、コミュニティー政策を企業経営理念の重要な柱の一つとして位置づけ、立派な企業市民として成長を続けている。

第3節　日系海外進出企業の葛藤

第1項　文化的差異

アメリカと日本の文化的側面において、二つの国の間には本質的に大きな相違が存在することは明らかである。アメリカと日本は、文化という側面において、本質的に両極端に位置する国家である。リプセットは、著書『アメリカ例外論』の序章において、次のように述べている。「アメリカ的信条(クリード)は五つの言葉で説明できる。自由、平等主義、個人主義、ポピュリズム(人民主義)、レッセフェール(自由放任主義)である。平等主義のアメリカ的意味は、トクヴィルも力説したように、機会と尊敬の平等であって、結果や条件の平等ではない。封建制、君主制、貴族社会がなかったことが、こうした価値観に影響している」[11]。

また、彼はいう。「アメリカはいまだ質的に異なった国である。繰

り返して言うが、アメリカ例外論は相反する二つの意味を持った考え方であり、アメリカが外国より優れているということではない。アメリカは他の国とかけ離れた国なのである。世界のどの国と比べても、アメリカは宗教的、楽観的、愛国的であり、権利志向型、個人主義的な国である」(12)。筆者は、リプセットの「アメリカはいまだ質的に異なった国である。……アメリカが外国より優れているということではない。アメリカは他の国とかけ離れた国なのである」とする考え方にまったく同感である。このようにアメリカと日本では、文化的、宗教的、愛国的、権利志向的などのすべての地平において、もっとも極端に異質な環境にある。

アメリカへ工場進出した日系企業は、このような文化的に異質なアメリカのビジネス社会において、うまく対応していかなければならない。日系企業は、英国やオランダやカナダからの企業とは異なる方法でアメリカへ進出し、しかもはるかにアメリカの企業を凌駕する生産性を上げている(13)。

アメリカへ工場進出した日系企業は、英国やオランダやカナダからの進出企業の製品に比較して、はるかに品質のよい製品を製造しており、したがって、順調に市場を開拓していくことができるのである。製品の品質において、日系の進出企業は、その地歩をしっかりと固め、他の追従を許さない構えを見せているように筆者の目には映るのである。

アメリカのビジネス社会において、日系の進出企業が直面するもっとも大きな障害とは、社会における多文化主義であろう。有賀夏紀氏は、著書『アメリカの20世紀(下)』のなかで、「植民地時代の昔から、アメリカ社会は様々な人種・民族が溶け込んでつくられたひとつの坩堝(メルティングポット)であるとされ、またそれが理想で

あると考えられてきたが、そうした考え方も変更を迫られることになった。メルティングポットの実体はイギリス系を中心にした白人の文化に他の集団が同化する社会であり、そのなかでできた文化がアメリカ文化であるとされてきた。しかし、黒人をはじめとするマイノリティーは公民権運動を通して自らの文化の独自性に目覚め、従来のように白人の文化をアメリカの文化として受け容れ同化することを拒否する傾向もでてきた。アメリカ社会はひとつのメルティングポットでなく、様々なグループがちょうどサラダのいろいろな野菜のように混在する入れ物、つまりサラダボウルにたとえる方が事実に近く、しかもそれがあるべき姿であるとの考えが一般的にも広がっていった。この異なる人種・民族の独自性を守りながらアメリカ社会をつくるという文化的多元主義の考え方は、80年代には何よりも人種・民族集団の文化の独自性を尊重し、単一のアメリカ社会は視野に入れない傾向のある多文化主義へと進むことになる」[14]と指摘している。

　また、阿部齊・久保文明の両氏は、著書『現代アメリカの政治』のなかで、「アメリカは多民族社会あるいはマルチ・エスニシティの社会である。こうした社会は多くの場合、政治的に不安定で、ときには分裂の危機を内在させていることも少なくない。しかし、アメリカは政治的にはむしろ安定しているといえよう。その理由は、ここでもイデオロギー的同質性に求めることができる。アメリカは、言語、宗教、血統などの点で明らかに多元的である」と指摘している[15]。

　このように、アメリカと日本は、まったくかけ離れた社会環境である。アメリカへ工場進出した日系企業は、日本社会では考えられなかったような、いろいろな困難な問題に遭遇し、それらに挑戦していかなければならない。特に、従業員の採用ならびに教育のプロ

セスにおいて、こうした民族の多元性・多様性がもたらすさまざまな問題を克服していかなければならないのである。

第2項　企業の社会的責任

インディアナ州におけるフィランソロピー(Philanthropy)の歴史的背景は、実に興味深いものがある。インディアナ州は、州内のいくつかの地域における複数の家族の慈善活動によって、非常に恵まれていた。これらの家族は、特に裕福ではなかったが、長年にわたってインディアナ州内に限って慈善事業をおこなっていた。まず、チャウンシー・ローズ(Chauncey Rose = 1794－1877年)は、1818年にインディアナ州西部のテラホートにやってきて、鉄道路線建設家として幸運を射止め、稼いだお金を地域の普通の学校、ワバッシュ・カレッジ(Wabash College)、そして、アメリカ東部のアレゲニー山脈(Allegheny Mountains)の西側では1874年にテラホートで初めて設立された技術大学へ寄付をおこなった。彼の死後、その大学はローズ・ポリテクニック大学(Rose Polytechnic Institute)と命名された。彼の寛大さは、テラホートのビジネスマンであり、かつインディアナポリス・モーター・スピードウェイのオーナーであったアントン・ハルマン・ジュニア(Anton Hulman, Jr.)からの献金と合わされて大きく成長した[16]。これが今日の技術大学として有名なローズ・ハルマン大学である。

また、インディアナ州におけるフィランソロピーとして、インディアナポリス美術協会(Art Association of Indianapolis)に対するジョン・ヘロン(John Herron)の遺産の寄付を上げることができよう。インディアナポリス財団(Indianapolis Foundation)は、1916年に誰でも献金できる地域信託基金として設立され、1932年にウィリアム・E.イングリッシュ財団から多額の寄付金が寄せられた。同財団から寄せ

られた遺産は、27の慈善団体が入居する建物の建設費に充てられた。この結果、これらの慈善団体は、わずかばかりの経費で事務所費を賄うことができるようになった。インディアナポリス財団は、遺産の贈与ならびに寄贈によって成長を重ねながら、地域諸団体へ1,300万ドルを寄付した。インディアナ州マンシー(Muncie)のボール兄弟(Ball Brothers)は、1926年に財団を設立して、ボールステート大学を設立した後、多額の寄付が地域内の複数の病院ならびに教会、そして、公共工事など各種の分野における開発に向けられた。インディアナ州コロンバスのアーウィン・スウィーニー・ミラー財団(Arwin Sweeney-Miller Foundation)は、2,300万ドルの資産を保有し、人種、社会正義、宗教、教育および芸術の分野において貢献している。インディアナポリスのクラナート慈善信託(Krannert Charitable Trust)は、パデュー大学(クラナート経営大学院＝Krannert Graduate School of Management)、エヴァンズヴィル大学、ハノーバー大学、インディアナポリス美術館(Indianapolis Museum of Art)(クラナート館)、インディアナ大学病院およびインディアナポリス・メソジスト病院などへ寛大な寄付を続けている。さらに、インディアナポリスのリリー・ファミリー(Lilly Family)に起源を遡るリリー財団(Lilly Endowment)は、1937年に設立され、インディアナ州内の大学、インディアナ歴史学会(Indiana Historical Society)、リリー図書館、ニューハーモニー(New Harmony)の復興、教会、チャリティー活動およびレクリエーションのために多額の寄付をおこなってきた[17]。2004年6月4日、筆者はインディアナポリスのリリー財団コミュニティー開発部のプログラム・ディレクターを勤めるチャールズ・D.プレストン(Charles D. Preston)氏にインタビューする機会を得た。プレストン氏によると、リリー財団は、いろいろな分野に寄付をおこなっているが、すべて

のリリー財団による寄付は、インディアナ州内に限られているとのことであった。このように、インディアナ州は、フィランソロピーにおいて、多くの篤志家が存在していたということで、実に幸運な州であったといえよう。

シーモア・M.リプセットは、著書『アメリカ例外論』のなかで、「1930年代の大恐慌は、フィランソロピーの役割に大きな変化をもたらした。福祉、医療、高等教育、その他の多くの分野で、国家がますます大きな責任を担うようになった。民間の寄付は、とくに第二次世界大戦後は絶対額の面では増大を続けているが、全体額のなかでの比率は下がっている。とりわけ宗教以外の分野ではそうである。民間のフィランソロピーでも、ある程度の変化がでてきた。企業の寄付が優れたPRになることが認識されるようになったのだ。小口の寄付はほとんど宗教関係の団体にいく」[18]と述べている。

2006年2月21日付けのインディアナ州におけるインターネット・ニュース『インサイド・インディアナ・ビジネス・ニュース・レター』によると、インディアナポリスに本拠をおく医薬品メーカーのイーライ・リリー社ならびにリリー財団は、2005年に起きた世界各地での災害に対して、130年にわたるリリー社の歴史を通じて史上最高額となる5億1,100万ドル相当額の寄付をおこなった。2005年にアメリカ南部を襲ったハリケーン・カトリーナによる災害をはじめ、パキスタンとインドの国境付近に位置するカシミール地方で起きた大地震による災害などが重なり、イーライ・リリー社およびリリー財団は、これらの災害に対して巨額の寄付をおこなった。

リリー財団は、長年にわたってアメリカにおけるフィランソロピー活動のリーダーとして、常に積極的なフィランソロピー活動を展開してきた。また、同財団は、原則的にインディアナ州内に限定

してフィランソロピー活動をおこなうことになっているが、2005年には余りにも甚大な災害が世界の各地で起きたために、同財団のフィランソロピー活動の地域的な範囲が世界中へ拡大されたのであった。

インディアナ州へ工場進出した多くの日系企業が、アメリカにおける企業法人のフィランソロピー活動に啓発されている。アメリカにおける第三セクターは、日系企業を含む営利企業に対して、かなりの頻度で寄付を求めてくる。日系の進出企業といえども、立派な現地法人として営利活動をおこなっている限りにおいて、寄付を求められる側の対象である。操業を開始して間もない企業にとっては、多額の寄付はできないものの、やはり地域に根ざした企業市民としての社会的な責任を果たしていかなければならない。日系企業のなかには、企業の社会的責任を十分に認識して、環境、教育、社会、芸術、地域活動などの多くの分野において、各種のプログラムを構築し、積極的なフィランソロピー活動を展開しているところもある。1996年にインディアナ州プリンストンへ進出したトヨタ自動車(Toyota Motor Manufacturing Indiana, Inc.)や1989年にインディアナ州ウェスト・ラフィエットへ進出した富士重工業(Subaru of Indiana Automotive, Inc.)などがその代表的な例といえよう。

地域におけるフィランソロピー活動としては、必ずしも金銭だけに関わるものではない。例えば、休日を利用して地域の図書館で返本された書籍を書架へ戻すボランティア、休日に近隣の子供たちの野球のアンパイアとしてのボランティア等々あらゆる場面において、また、あらゆる場所において、地域貢献には際限がない。インディアナ州へ工場進出した日系企業は、このようなボランティア活動を通じて地域に貢献し、地域から高い評価を得ている企業が出現して

いることは実に喜ばしいことである。

第3項　地域社会への貢献

　インディアナ州へ工場進出した日系企業は、インディアナ州の地域経済において、大いに貢献しているといえよう。インディアナ州の日系企業は、2006年1月現在、トヨタ自動車や富士重工業などの自動車メーカーをはじめ、アイシン精機、三菱重工業、三井金属鉱業などの自動車部品関連メーカーなど全体で235社を数える。そして、これらの日系企業で働く現地労働者数は5万6,000人を上回り、地域経済はもとより、インディアナ州全体の経済に大きなインパクトを与えている。

　日系の対米進出企業のうち、インディアナ州への大型の直接投資企業としては、どのような企業があるのだろうか。インディアナ州南西部のプリンストンへ1996年に工場進出したトヨタ自動車(Toyota Motor Manufacturing Indiana, Inc.)[19]では、2006年1月現在の従業員数が5,000人を上回る。また、インディアナ州北西部のウェスト・ラフィエットへ1989年にいすゞ自動車とともに合弁事業で工場進出した富士重工業は、その後、2002年にいすゞ自動車が撤退したため、富士重工業の単独経営になった現地法人(Subaru of America Automotive, Inc.)[20]では、2006年1月現在、従業員数が約2,233人に達する。現地法人が擁する従業員数において、インディアナ州ではこの両者がまさに日系の直接投資企業の両雄と呼ばれるにふさわしい存在であり、それぞれの地域ならびにインディアナ州の経済において大きく貢献している。

　筆者が独自に調査したところによると、1986年にインディアナ州南部のシーモアへ工場進出した自動車部品関連メーカーで、ト

ヨタ自動車の系列企業であるアイシン精機の現地法人(Aisin USA Manufacturing, Inc.)[21]では、2006年1月現在、従業員数が2,098人に達する。その後、同社は次々にインディアナ州の各地へ投資を続けて、同社のクロザースヴィルの現地法人(Aisin Drivetrain, Inc.)427人、テラホートの現地法人(Aisin Brake & Chassis, Inc.)475人、シーモアの現地法人(Aisin Holdings of America, Inc.)56人、さらに、同じくアイシン精機の系列企業であるアイシン高丘のラッシュヴィルの現地法人(Intat Precision, Inc.)400人、テルシティーの現地法人(ATTC Manufacturing, Inc.)240人などを合わせると、アイシン・グループだけで現地の雇用労働者数は、約3,700人となる。アイシン・グループのインディアナ州への相次ぐ工場進出は、インディアナ州の経済にとってきわめて大きな存在である。

また、1987年にインディアナ州のグリーンズバーグへ工場進出した三井金属鉱業の現地法人(GECOM Corporation)では、2006年1月の現地従業員数が約2,000人に達した。このようにインディアナ州へ工場進出した日系企業は、地域の企業市民として着実に根を下ろし、インディアナ州の地域経済に大きく貢献している。

【注】

(1) Indiana Department of Workforce Development: http://www.in.gov.dwd/newsroom/news_releases/NR_07-26-06.pdf
(2) AFL・CIO: http://www.aflcio.org/. Seymour Martin Lipset: *American Exceptionalism–A Double-Edged Sword*, W.W. Norton & Company, Inc., New York, 1996
(3) UAW: http://www.uaw.org/about/uawmembership.html
(4) General Motors Corporation: http://www.gm.com/company/corp_info/profiles/
(5) Ford Motors Company: http://www.ford.com/en/company/about/default.html
(6) Delphi Corporation: http://www.delphi.com/sbout/main/
(7) アメリカ労働省労働統計局: http://www.bls.gov/ro5/ro5econ7.htm

(8) Toyota Motor Manufacturing Indiana, Inc.: http://www.toyota.com/about/community/index.html
(9) Subaru of Indiana Automotive, Inc.: http://www.subaru-sia.com/slide/main_menu.html
(10) Seymour Martin Lipset: *American Exceptionalism—A Double-Edged Sword*, W.W. Norton & Company, Inc., New York, 1996. 上坂昇・金重紘訳『アメリカ例外論』(明石書店、2002年、p.427)
(11) Seymour Martin Lipset: *American Exceptionalism—A Double-Edged Sword*, W.W. Norton & Company, Inc., New York, 1996. 上坂昇・金重紘訳『アメリカ例外論』(明石書店、2002年、p.18)
(12) *Ibid.*, p.30
(13) Edward M. Graham and Paul R. Krugman: *Foreign Direct Investment in the United States*, Institute foe International Economics, Washington, D.C., 1995, p.74-p.75
(14) 有賀夏紀『アメリカの20世紀(下)』(中公新書、2002年、p.91)
(15) 阿部齊・久保文明『現代アメリカの政治』(財団法人放送大学教育振興会、2001年、p.103)
(16) Ralph D. Gray: *Indiana History—A Book Of Readings*, Indiana University Press, Bloomington, 1994, p.433
(17) *Ibid.*, p.433-p.434
(18) Seymour M. Lipset: *American Exceptionalism—A Double-Edged Sword*, W.W. Norton & Company, Inc., New York, 1996. 上坂昇・金重紘訳『アメリカ例外論』(明石書店、2002年、p.97). Inside Indiana Business: InsideIndianaBusiness.com Report (February 21, 2006)
(19) Toyota Motor Manufacturing Indiana, Inc.: http://www.toyota.com/about/careers/html/
(20) Subaru of Indiana Automotive, Inc.: http://www.subaru-sia.com/slide/main_menu.html
(21) Aisin U.S.A. Mfg., Inc.: http://www.aisinusa.com/

まとめ

　インディアナ州における海外直接投資の誘致政策は、州政府のリーダーシップのもとに、各カウンティーのなかの地方自治体ならびに地域経済開発公社、電気・水道・天然ガス・電話通信などの公共企業、また、鉄道・空港・港湾などの運輸団体、そして、銀行・保険などの金融団体、法律事務所・公認会計士事務所などのコンサルタント、建設ゼネラル・コントラクターの技術専門家、さらに、大学・研究機関などが一致協力して強力に推進されている。これらのすべてのグループは、相互に競合しながら、海外からの直接投資の誘致活動を積極的に展開している。インディアナ州内では、こうした相互間の競争関係が、さらに海外直接投資の誘致促進に拍車をかけているともいえる。

　海外直接投資の誘致目的のために、インディアナ州政府をはじめ、各地方自治体ならびに公共企業がともに協働して開発してきた工業団地のインフラストラクチャーは、今やほぼ完璧なものとなっている。同様に、インディアナ州政府ならびに地方自治体が構築してきたインセンティブは、四半世紀を経過して、他州に比較して決して見劣りしない魅力的なものとなっている[1]。このようにして、インディアナ州の完璧なインフラストラクチャーを備えた工業団地と魅力的なインセンティブは、州政府の海外ネットワーク・オフィスを通じた活発な海外直接投資の誘致のための不可欠なツールとなって

いる。

 その結果、インディアナ州は、2006年1月現在、世界各国から700社を超える海外直接投資をインディアナ州へ誘致することに成功してきた。さらに、インディアナ州政府は、過去四半世紀の海外直接投資の誘致実績を踏まえて、今後の海外直接投資の誘致にさらなる期待をかけている。これまで、インディアナ州の海外直接投資の誘致政策に関して、いろいろな角度から論究を試みてきたが、今後に残されたこの分野における研究課題を次に指摘しておきたい。

第1項　労働力の軋轢

 インディアナ州は、現在の労働力の枠組みにおいて、いつまで海外直接投資の誘致政策を継続できるのであろうか。そこには早晩、労働力のバランスを欠くという問題が提起されてくるであろう。2004年の米国商務省国勢調査局の調査のよると、インディアナ州の総人口約620万のうち、就労人口は約310万に達する。

 ここで、インディアナ州の労働力について論及する前に、全米の労働力について少し触れてみたい。2005年の全米の人口は2億9,641万である。このうち黒人の人口3,477万を抜いて、最大のマイノリティーといわれるヒスパニック系人口が4,046万で、全体の14.2パーセントを占めている[2]。アメリカにはビザなどの滞在資格を有しない不法移民が2006年の推計で1,200万人を超え、このうちの約80パーセントがヒスパニック系といわれている。一般的にアメリカにおいては、上流階級の白人はホワイトカラーの職業に就いて高給を得ながら、都市中心部からドーナツ型に、少し離れた郊外に住む傾向が窺える。一方、有色人種は工場労働など比較的低賃金でブルーカラーの職業に就き、都市の中心部ないしその周辺に居住する傾向が多く

見られる。

　2006年4月18日、筆者がインディアナ州シーモア市(Seymour)を訪問した際、ジャクソン・カウンティー産業開発公社(Jackson County Industrial Development Corporation)の専務理事ジム・プランプ(Jim Plump)氏から、ヒスパニックの労働力に関する話を窺うことができた。プランプ氏によると、2006年4月現在、インディアナ州を南北にちょうど二分するインターステート・ハイウェイⅠ－70号線より南側では、インディアナポリスから南へ伸びるインターステートⅠ－65号線沿いに、すでに多数のヒスパニック系のブルーカラー労働者が移入してきているという。また、当該地域へ工場進出している日系企業によると、ヒスパニック系の労働者は職種を問わず、比較的低賃金で実に勤勉に働くということである。

　このように、現地の日系企業では、彼らの勤務振りはすこぶる好評である。そして、以前には白人が占めていた工場労働を、今日では次第にヒスパニック系に奪われつつある。当該地域へ工場進出した日系企業のなかには、30パーセントないし40パーセントもの労働力をヒスパニック系労働力に依存してところがあり、ヒスパニック系労働力への依存度がきわめて高くなってきている現実が窺える。

　2005年末に不法移民取締法案が、アメリカ連邦下院議会を通過した。従来、アメリカにおける不法滞在は、民事上の違反であった。それにもかかわらず、労働力の必要性から、不法滞在が法的に看過されてきた。しかしながら、新たな不法移民取締法案では、不法滞在者を刑法上の重罪として位置づけるものである。2006年5月1日のメーデーには、ヒスパニック系不法滞在者ら約100万人がこの法案成立の阻止を目指して、全米各地で抗議デモをおこなった。このとき、アメリカの製造業は大規模な休業に追い込まれ、ヒスパニック

系労働力の強大な影響力をまざまざとみせつけられた。このように、アメリカにおけるヒスパニック系労働力のパワーは、名実ともに急速に拡大されつつある。

　今後、インディアナ州を含む全米州において、ヒスパニック系の人種が、大幅に増加するものと予測されている。ヒスパニック系の工場労働者は、安い賃金にもかかわらず、雇用者に対して無理な要求を突きつけることなく、劣悪な労働条件のもとで勤勉に働き、従来の白人の職場を急速に奪いつつある。このような傾向が長い将来にわたって推移するならば、一部の特殊な技術分野の職場を除いて、製造業における白人労働者の職場はほとんどなくなってしまうであろう。そのような事態に際して、インディアナ州における白人とヒスパニック系労働力のバランスの問題は、将来、どのような展開を見せるのであろうか。長期的な視座から、労働力の変遷を注意深く見守っていく必要があろう。

第2項　多文化主義への対応

　アメリカは、多民族国家である。インディアナ州は、アメリカ合衆国を構成する一つの独立州である。したがって、多民族によってもたらされるあらゆる問題を避けて通ることは不可能である。アメリカでは、物事の見方が異なる種々雑多な文化を背景にしたさまざまな民族が、ともに働き、ともに社会生活を営みながら共存している。アメリカ合衆国が13の植民地から一つの国家として独立を果たした1776年7月4日に、多種多様な移入民族から統一ある国家を目指すという意味合いで、真に多様性の「邦」の「統合」を目指して、ラテン語による"E pluribus unum"というモットーが創出された[3]。その後、アメリカ合衆国の公式なモットーは、1956年、"In God We

Trust"(我らは神を信じる)に置き換えられた。いかにアメリカが宗教的な国家であるか、このモットー1つをとってみても理解できるよう。

　生まれ育った国、人種、言語、宗教、生活慣習、物事の考え方などすべてが異なる多民族国家アメリカにおいて、隣人を理解することのむつかしさは測り知れないものがある。ある国において「常識」として受け入れられていることが、他の国においては「非常識」としか受け取られないことがらが多い。世界中から毎年こうした人種を多数受け入れている移民国家アメリカにおいては、自分の考えと隣人の考えが異なるという状態が日常茶飯事である。

　このように異なる文化や宗教をもつ多民族による多文化主義のもとで、物事の見方や考え方に「差異」が生じることは当然なことであろう。インディアナ州を含むアメリカへ工場進出した海外直接投資企業にとって、近い将来、その「差異」に起因する異なる「標準」を、どのように「統合」すればよいかという問題が提起されてくることが予測される。日系企業は、そのようなダブル・スタンダードはおろか、トリプル・スタンダードを通り越して、マルチ・スタンダードの従業員たちのために、各種の職業教育訓練を繰り返しながら、あらゆる側面において企業としての「統合」された「標準」を構築していかなければならないだろう。こうしたプロセスを推進することは、きわめて大きな困難がともなうことであろう。

　多種多様な文化を持つ多民族による多文化主義国家アメリカにおいて、海外直接投資企業は、従業員の物事の見方や考え方の「差異」の「統合」を図りながら、世界に通用する品質レベルの高い製品を製造し、自社製品の市場を開拓し、かつ拡大していかなければならない。日系の対米進出企業は、多民族からなる従業員の物事の見方や

考え方の「差異」を、どのように「統合」していくのであろうか。進出企業の手腕が問われることになるであろう。今後、こうした多民族主義からもたらされる「差異」「統合」「標準」という課題を長期的な視点から見守っていく必要があろう。

第3項　海外直接投資の形態

インディアナ州へ工場進出した日系企業は、将来、どのような展開を見せるのであろうか。エドワード・グラハムとポール・クルーグマンは、著書『アメリカにおける海外直接投資(Foreign Direct Investment in the United States)（第3版）』のなかで、「アメリカにおける日系の直接投資企業は、世界各国からの海外直接投資とは異なった行動をとっている」[4]と述べている。

その形態とは、特に自動車関連業種に多く見られる「系列」による対米進出を指している。例えば、日系の自動車メーカーがアメリカへ進出すると、傘下の多数の自動車部品メーカーが同時に工場進出して、世界で最高の品質レベルを誇る日本標準の自動車を製造し、現地顧客に満足のいく完璧な製品を供給して、自動車市場を席巻していく。こうした方法は、顧客満足度という観点では何らの問題も生じないであろう。しかしながら、アメリカの自動車メーカーならびに自動車部品メーカーにとっては、日系の自動車関連メーカーの対米進出によって、その市場を侵食されつつある。日系の自動車メーカーによる自動車販売だけが順調に伸びて、アメリカの自動車メーカーによる自動車販売が不調ならば、その皺寄せがいずれ現地の日系の自動車メーカーならびに自動車部品メーカーに反映され、そこに軋轢が生じかねない。

他方、アメリカ企業についていえば、進出先国において手に入れ

た利益をすべて本国へ持ち帰るというやり方が、各国において顰蹙をかう結果となっていることは確かである。このことは、日本企業にとっても、また、世界中のあらゆる企業にとっても同様な指摘がある。しかしながら、世界の自由経済市場主義のもとで、企業は利益を上げるることが第一義であり、その利益をどのように分配するかは、当該企業の自由裁量に任されている。このことは、日本のグルーバル企業にとっても、また、世界中のすべてのグローバル企業にとっても同様である。それが自由経済市場主義の当然のあり方といえよう。

アレクシ・ドゥ・トクビルは、著書『アメリカの民主政治(下)』のなかで、「アメリカ人たちのひとりびとりは、すべての同市民たちを自らと平等な人々として、自ら進んで認めている。けれども、ひとりびとりのアメリカ人は、極めて少数の人々だけを、自らの友人たち並びに自らの賓客たちとして受けいれるのである」[5]と述べている。果たして日系の対米進出企業が、将来、アメリカにおいて彼らの「友人」たちとして、また彼らの「賓客」たちとして受け入れられていくかどうか懸念されるところである。その懸念を払拭する努力が必要である。

海外直接投資企業は、経済のグローバリズムのなかで、共存共栄の道を選択すべきか、自由市場経済のなかで自然淘汰の法則に委ねるべきか。日系の自動車関連の直接投資企業は、こうした課題を今後どのように解決していくのであろうか、事態を注視していく必要があろう。

第4項　海外直接投資誘致の限界

本研究の中心的テーマであるインディアナ州における海外直接投

資誘致政策に関して、インディアナ州政府がいつまで海外直接投資の誘致政策を継続できるであろうかという課題が残る。海外直接投資は、種々の条件が考慮されるものの、まず安価な労働賃金が得られる国・地域、そして、市場性が見込める国・地域へと進行する。しかしながら、いずれの国・地域においても経済力の発展・強化にともなって、労働賃金は、時代の経過とともに次第に上昇していく。

　他方、市場の消費人口には規模的な限界があり、いずれ消費市場は商品で飽和状態となり、商品の売り上げは伸び悩み、ある一定の商品サイクルしか望めなくなるであろう。そこで海外直接投資企業は、手を変え、品を変えて、企業の存亡を賭けて生き残りを図ろうとするであろう。また、企業は従業員の賃金カット、従業員数の削減、生産規模の縮小などさまざまな企業努力を進めるであろう。そして、最終的に企業は、企業努力としての打つべき手段を見失い、新たな製品の開発によって新規市場の開拓がおこなわれない限り、企業の命運は立ち行かなくなるであろう。ここに海外直接投資の成長期、最盛期、そして、衰退期を見ることになる。

　日本からインディアナ州へ進出するもっとも大きな産業分野は自動車産業関連の分野である。今日の世界の自動車産業分野において、地球環境保全の文脈から、鉱物資源を原料とするガソリンから植物資源を原料とするエタノールへの転換や電気自動車への転換などの動きが認められるようになった。とくに、電気自動車について言及するならば、機構的に駆動装置のエンジンを必要としないことから、これまで自動車の心臓部としてもっとも重要な位置を占めていたエンジン関連部分がまったく不要となる。この意味では、エンジン関連メーカーの立場は、きわめて脆弱なものとなりつつある。ガソリン・エンジン車がなくなれば、当然、エンジン・メーカーもなくな

る。したがって、従来の自動車メーカーが新たな電気自動車の分野へ新規参入しない限り、将来、まったく新規の自動車メーカーが従来の自動車メーカーに取って替わる可能性が十分に考えられる。

ところで、米国市民の日常の交通手段は、あくまでも全国に張り巡らされた素晴らしい道路網とともに完全に自動車に依存しており、半永久的に自動車の利用は継続するであろうと考えられる。したがって、個々の自動車メーカーの盛衰や新規自動車メーカーの入れ替わりはあったとしても、自動車産業それ自体の大きな衰退は現状では考えられない。この意味で、インディアナ州政府による自動車産業分野における海外直接投資の誘致政策は、正しい選択であったといえよう。

しかしながら、インディアナ州における自動車産業分野以外の海外直接投資の誘致政策が、いつまで持続可能であろうか。この問題については、長期的な視座から観察していく必要があろう。

【注】
(1) Indiana Economic Development Corporation: http://www.in.gov/iedc/incentives/
(2) U.S. Bureau of Census: http://quickfacts.census.gov/qfd/states/18000.html
(3) Freeman Cleaves: *Old Tippecanoe–William Henry Harrison and His Time*, American Political Biography Press, Newton, 2000, p.332
(4) Edward M. Graham and Paul R. Krugman: *Foreign Direct Investment in the United States–Third Edition*, Institute for International Economics, Washington, D.C., 1996, p.77
(5) Alexis de Tocqueville: *Democracy in America.* 井伊玄太郎訳『アメリカの民主政治(下)』(講談社、2000年、p.383)

おわりに

　インディアナ州における海外直接投資の誘致政策に関する研究は、まったく前例がなく、私にとっては、数年間にわたる手探りの作業の連続であった。論文の執筆は、構成ができれば、九割くらい完成したようなものといわれるが、その構成は、たびたび変更を余儀なくされた。情報収集のために予想以上の時間を費やさねばならないものがあったからだ。結局、理想的な構成通りには進展しなかった。それでも周囲の多くの方々の協力のもとで何とか執筆の完成に漕ぎつけることができたことは、私のよろこびとするところである。

　この著書は、私が2007年度に博士論文として執筆した原稿が基礎となっている。その後、何度か加筆訂正を繰り返して、ようやくこのような体裁になった。したがって、本文のなかに出てくるデータは若干古く感じられるものがあることは否めない。しかしながら、当時の事実には何らの変わりもない。なお、事実を明確にするため、本文のすべての項目のなかで、「昨年」「今年」「翌年」といったあいまいな表現を避けて、できるだけ年号を明記するように心がけた。このため、読む人にとっては、そのことがかえってしつこく感じられるところがあるかも知れない。

　本書が出版の日の目を見るまでには、多くの先達にご協力を戴いた。まず、博士論文として、すべての字句にお目通し戴き、全ペー

ジに赤鉛筆で余すところなくご教示を戴いた法政大学の指導教授である鈴木佑司教授をはじめ、大所高所から適切なご忠告を戴いた同大学で主査を勤めて戴いた中野勝郎教授ならびに副査を勤めて戴いた廣瀬克哉教授、サバティカル・リーヴにもかかわらず、論文にお目通し戴き、細かなところまでご教示を戴いた同大学の五十嵐敬喜教授に深甚なる感謝の意を表したい。

　実際に、本書が出版の日の目を見る契機をつくって戴いたのは、専修大学の藤本一美教授である。藤本教授のご厚意なしには、決して本書が出版の機会に恵まれることはなかったのである。藤本教授には、ご自分の専門分野であるアメリカ政治学の立場から、論文に対する多方面からの得難いアドバイスを戴き、心からの謝意を表したい。また、ご自分の著書の執筆のため、ご繁忙中にもかかわらず、私の論文にお目通し戴き、細かなところまでアドバイスを戴いた桜美林大学の上坂昇教授に心からの感謝の意を表したい。

　最後に、本書の出版を快く決断してくださった東信堂の下田勝司社長をはじめ、最後まで編集作業に細心の注意を払い、実によく面倒をみて戴いた同社制作部の松井哲郎氏に心より感謝申し上げたい。

邊牟木　廣海

資　料

Indiana Governors: 1816 to Present

Term	Governor	Party
1816-1822	Jonathan Jennings	Jeff Rep.
1822	Ratliff Boon	Democrat
1822-1825	William Hendricks	Democrat
1825-1831	James B. Ray	Non-Partisan
1831-1837	Noah Noble	Whig
1837-1840	David Wallace	Whig
1840-1843	Samuel Bigger	Whig
1843-1848	James Whitcomb	Democrat
1848-1849	Paris C. Dunning	Democrat
1849-1857	Joseph A. Wright	Democrat
1857-1860	Ashbel P. Willard	Democrat
1860-1861	Abraham A. Hammond	Democrat
1861	Henry Smith Lane	Republican
1861-1867	Oliver P. Morton	Republican
1867-1873	Conrad Baker	Republican
1873-1877	Thomas A. Hendricks	Democrat
1877-1880	James D. Williams	Democrat
1880-1881	Isaac P. Gray	Democrat
1881-1885	Albert G. Porter	Republican
1885-1889	Isaac P. Gray	Democrat
1889-1891	Alvin P. Hovey	Republican
1891-1893	Ira Joy Chase	Republican

1893-1897	Claude Matthews	Democrat
1897-1901	James A. Mount	Republican
1901-1905	Winfield T. Durbin	Republican
1905-1909	J. Frank Hanly	Republican
1909-1913	Thomas R. Marshall	Democrat
1913-1917	Samuel M. Ralston	Democrat
1917-1921	James P. Goodrich	Republican
1921-1924	Warren T. McGray	Republican
1924-1925	Emmett Forest Branch	Republican
1925-1929	Ed Jackson	Republican
1929-1933	Harry G. Leslie	Republican
1933-1937	Paul V. McNutt	Democrat
1937-1941	M. Clifford Townsend	Democrat
1941-1945	Henry F. Schricker	Democrat
1945-1949	Ralph F. Gates	Republican
1949-1953	Henry F. Schricker	Democrat
1953-1957	George N. Craig	Republican
1957-1961	Harold W. Handley	Republican
1961--1965	Matthew E. Welsh	Democrat
1965-1969	Roger D. Whitcomb	Republican
1969-1973	Edgar D. Whitcomb	Republican
1973-1981	Otis R. Bowen	Republican
1981-1989	Robert D. Orr	Republican
1989-1997	Evan Bayh	Democrat
1997-2003	Frank O' Bannon	Democrat
2003-2005	Joseph Kernan	Democrat
2005-Present	Mitchell Daniels	Republican

Source: Indiana Chamber of Commerce: *Here Is Your Indiana Government 2005-2006 Edition*, p.304

資料 189

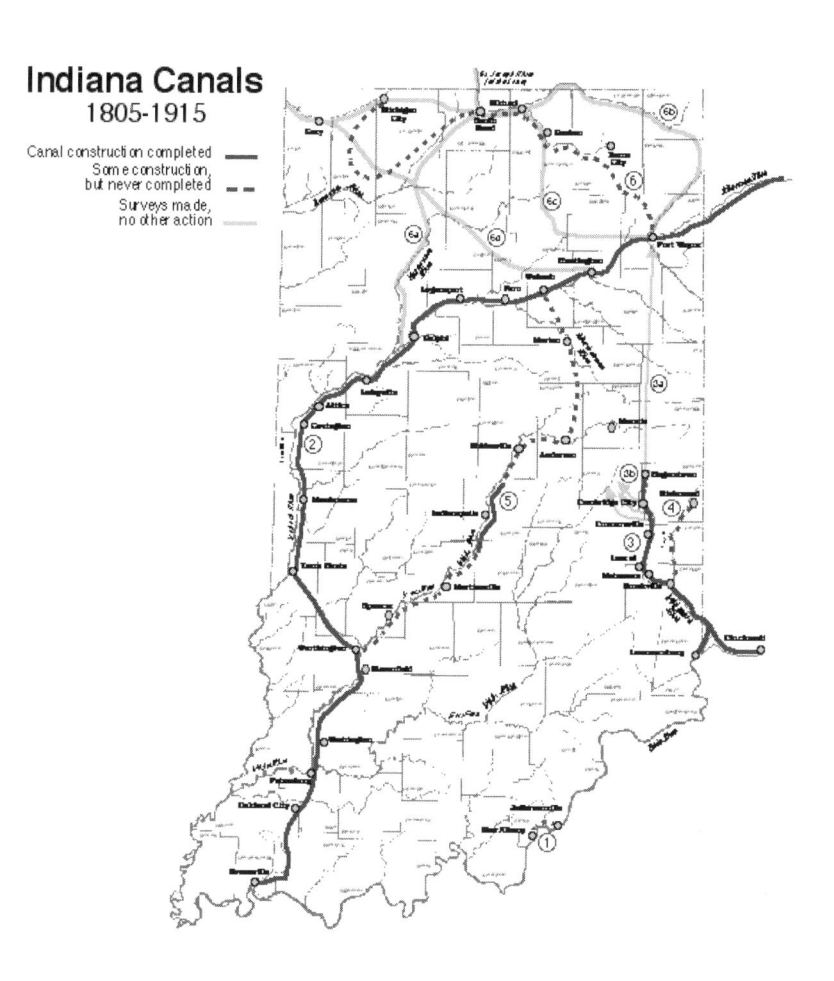

Indiana Canals
1805-1915

Canal construction completed ——
Some construction, but never completed ---
Surveys made, no other action

Source: Indiana Chamber of Commerce: *Here Is Your Indiana Government 2005-2006 Edition*, p.304
(http://www.in.gov/history/2518.htm)

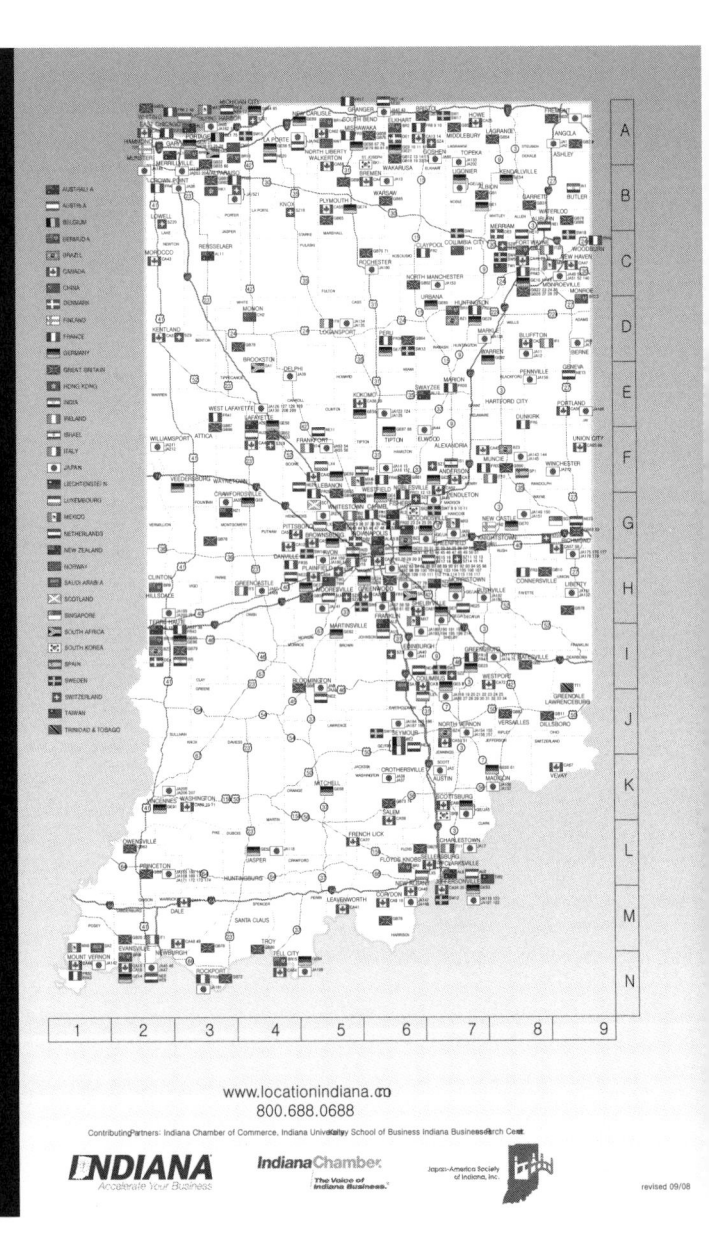

Source: http://www.in.gov/iedc/files/foreign-invest-map-11x17_(2).pdf

資料 191

Indiana Companies With Japanese Investment

www.locationindiana.com
800.688.0688

Contributing Partners: Indiana Chamber of Commerce, Indiana University Kelley School of Business, Indiana Business Research Center

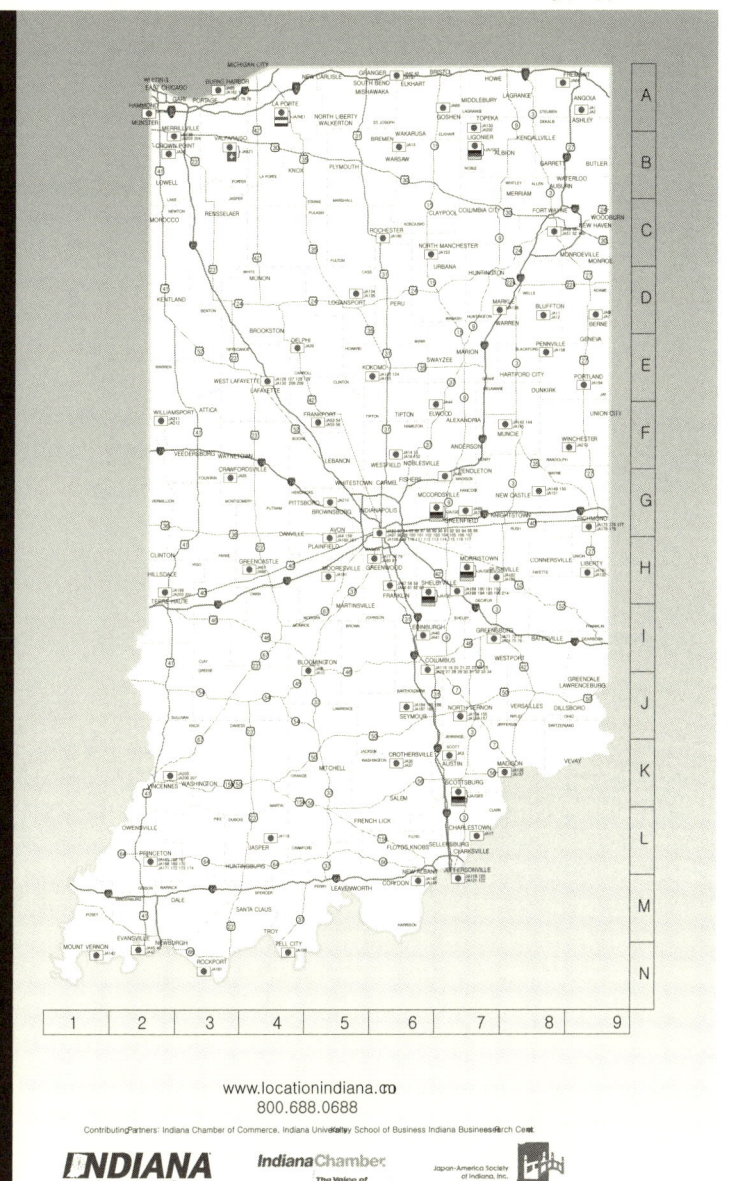

INDIANA Accelerate Your Business

Indiana Chamber The Voice of Indiana Business

Japan-America Society of Indiana, Inc.

revised 09/08

Source: http://www.locationindiana.com/pdfs/20080928JapanInvestMap11x17.pdf

■参考文献

□英語文献

Alexis de Tocqueville. Translated by George Lawrence. Edited by J.P. Mayer. *Democracy in America*. New York: Harper Collins Publishers, 2000

Barnhart, John D. *Indiana to 1860−The Colonial Period*, Indianapolis: Indiana Historical Society, 1994

Berman, David R. *State and Local Politics−Ninth Edition*. Armonk: M.E. Sharpe, 2000

Beyle, Thad L. *State and Local Government 2003-2004*. Washington, D.C.: CQ Press, 2003

Bigham, Darrel E. *The Indiana Territory−A Bicentennial Perspective*. Indianapolis: Indiana Historical Society, 2001

Brace, Paul. *State Government and Economic Performance*. Baltimore: The Johns Hopkins University Press, 1993

Buley, R. Carlyle. *The Old Northwest−Pioneer Period, 1815-1840−Volume I*. Bloomington: Indiana University Press, 1983

Buley, R. Carlyle. *The Old Northwest−Pioneer Period, 1815-1840−Volume II*. Bloomington: Indiana University Press, 1983

Burns, James MacGregor et al. *State & Local Politics−Government by the People−Tenth Edition*. Upper Saddle River: Prentice-Hall, Inc., 2001

Carlsen, Frances L. *2003 Harris Indiana Industrial Directory*. Twinsburg: Harris Infosource, 2003

Carmony, Donald F. *Indiana 1816-1850: The Pioneer Era*, Indianapolis; Indiana Historical Bureau & Indiana Historical Association, 1998

Cayton, Andrew R.L. *Frontier Indiana*. Bloomington: Indiana University Press, 1996

Cayton, Andrew R.L. and Peter S. Onuf. *The MIDWEST and the NATION−Rethinking the History of an American Region*. Bloomington: Indiana University Press, 1990

Cayton, Andrew R.L. and Susan E. Gray. *The American Midwest−Essays on Regional History*. Bloomington: Indiana University Press, 2001

Cleaves, Freeman. *Old Tippecanoe−William Henry Harrison and His Tome*. Newtown: American Political Biography Press, 2000

Chambers II, John Whiteclay. *The Oxford Guide to American Military History*. Oxford: Oxford University Press, 1999

Coppa, Frank J. *County Government−A Guide to Efficient and Accountable Government*.

Westport: Praeger Publishers, 2000

Dahl, Robert A. *How Democratic is the American Constitution?−Second Edition*. New Heaven, Yale University Press, 2003

Dye, Thomas R. *Politics In States And Communities−Tenth Edition*. Upper Saddle River: Prentice-Hall, Inc., 2000

Engel, Michael. *State & Local Government−Fundamentals & Perspectives*. New York: Peter Lang, 1999

Fatout, Paul. *Indiana Canals*. West Lafayette: Purdue University Press, 1972

Fry, Earl H. *The Expanding Role Of State And Local Governments In U.S. Foreign Affairs*. New York: Council on Foreign Relations Press, 1998

Gambale, Geraldine. *Area Development−Site and Facility Planning−2006 Directory*. Westbury: Halcyon Business Publications, Inc., 2006

Graham, Edward M. and Paul R. Krugman. *Foreign Direct Investment in the United States−Third Edition*. Washington, D.C.: Institute for International Economics, 1995

Gray, Ralph D. *Indiana History−A Book of Readings. Bloomington*: Indiana University Press, 1994

Heineman, Robert A. *American Government−Second Edition*. New York: McGraw-Hill, Inc. 1995

Hudnut III, William H. *The Hudnut Years in Indianapolis, 1976-1991*. Bloomington: Indiana University Press, 1996

Indiana Chamber of Commerce. *Here Is Your Indiana Government−2003-2004 Edition*, Indianapolis: Indiana Chamber of Commerce, 2003

Indiana Chamber of Commerce. *Here Is Your Indiana Government−2005-2006 Edition*, Indianapolis: Indiana Chamber of Commerce, 2005

Indiana Historical Society. *Pathways to the Old Northwest−An Observance of the Bicentennial of the Northwest Ordinance*. Indianapolis: Indiana Historical Society, 1988

Indiana Legislative Services Agency, Office of Fiscal and Management Analysis. *Indiana Handbook of Taxes, Revenues, and Appropriations−Fiscal Year 2005*. Indianapolis: Indiana Legislative Services Agency, Office of Fiscal and Management Analysis, 2006

January, Alan F. et al. *A Biographical Directory Of The Indiana General Assembly−Volume 2−1900-1980*, Indianapolis: The Indiana Historical Bureau, 1984

Lorch, Robert S. *State & Local Politics ? The Great Entanglement−Sixth Edition*. Upper Saddle River: Prentice-Hall, Inc., 2001

Madison, James H. *Heart Land−Comparative Histories of the Midwestern States*.

Bloomington: Indiana University Press, 1990

Madison, James H. *The Indiana Way—A State History*. Bloomington: Indiana University Press, 1990

Pear, Wilbur D. *Portraits And Painters Of The Governors Of Indiana 1800-1978*. Indianapolis: Hilltop Press, 1978

Saffell, David C. and Harry Basehart. *State and Local Government—Politics And Public Policies—Seventh Edition*. New York: McGraw-Hill, Inc., 2001

Schlesinger, Arthur M. Jr. *The Almanac of American History*. New York: Barnes & Noble, Inc., 2004

Shepherd, Rebecca A. et al. *A Biographical Directory Of The Indiana General Assembly —Volume 1—1816-1899*, Indianapolis: The Indiana Historical Bureau, 1980

Taranto, James. *Presidential Leadership*. New York: Free Press, 2005

Tarr, G. Alan. *Understanding State Constitutions*. Princeton: Princeton University, 1998

Taylor, Robert M. Jr. et al. *Indiana: A New Historical Guide*. Indianapolis: Indiana Historical Society, 1989

Taylor, Robert M. Jr. *The Northwest Ordinance 1787—A Bicentennial Handbook*. Indianapolis: Indiana Historical Society, 1987

Thornbrough, Emma Lou. *Indiana In The Civil War Era 1850-1880*, Indianapolis: Indiana Historical Society, 1995

Walsh, Justin E. *The Centennial History Of The Indiana General Assembly, 1816-1978*, Indianapolis: The Indiana Historical Bureau, 1987

Wilson, Jeffrey. *Indiana in Maps—Geographic Perspectives of the Hoosier States*. Indianapolis: The Jackson Group, 2002

□日本語文献

A.トクヴィル著、井伊玄太郎訳『アメリカの民主政治(上)』(講談社、1998年)
A.トクヴィル著、井伊玄太郎訳『アメリカの民主政治(中)』(講談社、1996年)
A.トクヴィル著、井伊玄太郎訳『アメリカの民主政治(下)』(講談社、2000年)
A.トクヴィル著、松本礼二訳『アメリカのデモクラシー 第一巻(上)』(岩波書店、2006年)
A.トクヴィル著、松本礼二訳『アメリカのデモクラシー 第一巻(下)』(岩波書店、2006年)
アラン・M.ポッター他著、松田武訳『アメリカの政治』(東京創元社、1990年)
阿部齊・久保文明『現代アメリカの政治』(財団法人放送大学教育振興会、2001年)

明石紀雄・川島浩平『現代アメリカ社会を知るための60章』(明石書店、1999年)
有賀夏紀『アメリカの20世紀(上)1890－1945年』(中央公論新社、2002年)
有賀夏紀『アメリカの20世紀(下)1945－2000年』(中央公論新社、2002年)
有賀夏紀・油井大三郎『アメリカの歴史―テーマで読む多文化社会の夢と現実』(有斐閣、2003年)
古谷旬『アメリカ　過去と現在の間』(岩波書店、2004年)
古谷旬・遠藤泰生『新版アメリカ学入門』(南雲堂、2004年)
蓮池博昭『宗教に揺れるアメリカ―民主政治の背後にあるもの』(日本評論社、2002年)
五十嵐敬喜・小川明雄『都市計画―利権の構図を超えて』(岩波新書、1998年)
五十嵐武士・古矢旬・松本礼二『アメリカの社会と政治』(有斐閣、2002年)
橋爪大三郎『アメリカの行動原理』(ＰＨＰ研究所、2005年)
紀平英作『アメリカ史』(山川出版社、1999年)
河野博子『アメリカの原理主義』(集英社、2006年)
小滝敏之『アメリカの地方政治』(第一法規、2004年)
松尾弌之『民族から読みとく「アメリカ」』(講談社、2000年)
待鳥聡史『財政再建と民主主義―アメリカ連邦議会の予算編成改革分析』(有斐閣、2003年)
武藤博巳『イギリス道路行政史―教区道路からモーターウェイへ』(東京大学出版会、1995年)
村田晃嗣『プレイバック1980年代』(文春新書、2006年)
中野勝郎『アメリカ連邦体制の確立―ハミルトンと共和制』(東京大学出版会、1993年)
日本・米国中西部会事務局『日本・米国中西部会第37回日米合同会議報告書』(日本・米国中西部会事務局、2005年)
社団法人日本自動車工業会『自動車ガイドブックVol.50』(社団法人日本自動車工業会、2003年)
S.M.リプセット著、上坂昇・金重紘訳『アメリカ例外論』(明石書店、2002年)
鈴木佑司『東南アジアの危機の構造』(勁草書房、1984年)
清水博『アメリカ史(増補改定版)』(山川出版社、1991年)
杉田敦『アメリカ憲法は民主的か』(岩波書店、2003年)
高中公男『海外直接投資論』(勁草書房、2001年)
富田虎男・鵜月裕典・佐藤円『アメリカの歴史を知るための60章』(明石書店、2000年)
ウルリッヒ・バック著　木前利秋・中村健吾監訳『グローバル化の社会学―グロー

バリズムの誤謬―グローバル化への応答』(国文社、2005年)
吉原欣一『現代アメリカの政治権力構造』(日本評論社、2000年)

☐ INTERNET SITES

(アメリカ連邦政府)

☞ U.S. Department of Commerce: U.S. Bureau of Census: http://quickfacts.census.gov/qfd/ states/18000.html
☞ U.S. Department of Commerce: U.S. Bureau of Census: http://www.census.gov/govs/state/02rank.html
☞ U.S. Department of Commerce: U.S. Bureau of Census: file://C:\Documents and Settings\user1\My Documents\Iron & Steel Manufacturing.htm
☞ U. S. Department of Commerce: U.S. Bureau of Census: National Association of Counties: http://www.naco.org/Template.cfm?Section=Find_a_County&Template=/cffiles/

counties/state.cfm&statecode=in
☞ U.S. Department of Commerce: U.S. Bureau of Census: http://www.census.gov/econ/census02/data/industry/E331111.HTM
☞ U.S. Department of Justice: Federal Bureau of Investigation: http://www.fbi.gov/ucr/cius_04/offenses_reported/offense_tabulations/table_05.html
☞ U.S. Department of Labor: www.bls.gov
☞ U.S. Department of Labor: http://www.bls.gov/ro5/ro5econ7.htm

(インディアナ州政府)

☞ Indiana State Government: http://www,in.gov/gov/issues/economy.html
☞ Indiana State Government: http://www.state.in.us/gov/bio/index.html
☞ Indiana State Government: http://www.in.gov/gov/hostory/index.html
☞ Indiana State Government: http:www.in.gov/serv/sos_primary04?page-office&countyID=-1&P
☞ Indiana Economic Development Corporation: www.iedc.IN.gov
☞ Indiana Economic Development Corporation: www.in.gov/iedc/why/
☞ Indiana Economic Development Corporation: http://www.in.gov/tourism/
☞ Indiana Economic Development Corporation: www.iedc.in.gov/iedc/starting/
☞ Indiana Economic Development Corporation: http://www.in.gov/iedc/incentives/

- Indiana Economic Development Corporation: www.iedc.in.gov/iedc/pdfs/OpenForBusiness.pdf
- Indiana Economic Development Corporation: http://www.iedc.in.gov/Grants/ondex.asp
- Indiana Economic Development Corporation: http://www.iedc.in.gov/Calendar/index.asp
- Indiana Economic Development Corporation: http://www.ieda.org/board_and_Officers/default.asp
- Indiana Economic Development Corporation: http://www.in.gov/iedc/regulatory/
- Indiana Economic Development Corporation: http://www.in.gov/iedc/pdfs/OpenForBusiness.pdf
- Indiana Department of Commerce: www.indianacommerce.com
- Indiana Department of Workforce Development: http://www.in.gov/dwd/inews/lmi.asp
- Indiana Department of Workforce Development: http://www.in.gov.dwd/newsroom/news_releases/NR_07-26-06.pdf
- Indiana Department of Workforce Development: www.state.in.us/dwd/advanceindiana
- Indiana Historical Bureau: http;//www.statelib.in.us/www/ihb/govportraits/orr.html
- Indiana Historical Bureau: http://www.statelib.in.us/www/ihb/govportraits/bayh.html
- Indiana Historical Bureau: http://www.statelib.in.us/www.ihb/publications/canalmap.html
- Indiana Historical Bureau: http://www.statelib.lib.in.us/www/ihb/govportraits/bowen.html
- Indiana Historical Bureau: http://www.statelib.lib.in.us/www/ihb/govportraits/fobannon.html
- Indiana Historical Bureau: http://www.statelib.lib.in.us/www/ihb/govportraits/kernan.html
- Indiana Historical Bureau: http://www.statelib.lib.in.us/www/ihb/emblems/index.html
- State of Indiana Japan Office: http://www.venture-web.or.jp/indiana/for-japanese-html
- http://www.timetemperature.com/tzus/indiana_time_zone.shtml
- http://www.in.gov/gov/bio/index.html

(インディアナ州政府外郭団体)

- Indiana Housing Finance Authority: www.IN.gov/inha; www.IN.gov/inha/inhaprogram/homeownership/homeownership.html

☞ IvyTech Community College of Indiana: www.ivytech.edu
☞ Ports of Indiana: http://www.portsofindiana.com/
☞ Indiana Colleges and Universities: http://www.50states.com/college/indiana/html

(インディアナ州地域経済開発公社)

☞ Bloomington Economic Development Corporation: http://www.comparebloomington.org/partner.html
☞ Columbus Economic Development Board: www.columbusin.org
☞ Columbus Economic Development Board: http://columbusin.org/mission.html
☞ The Indy Partnership: http://www.indypartnership.com/

(インディアナ州企業法人)

☞ Aisin U.S.A. Mfg., Inc.: http://www.aisinusa.com/
☞ Barns & Thornburg, LLP: www.btlaw.com
☞ Cinergy PSI: http://www.cinergy.com/cedn
☞ Cinergy PSI: http://www.indiana.cinergy.com
☞ Columbus Regional Hospital: http://www.crh.org/about_us/main.html
☞ Duke Energy: http://www.locationindiana.com/images/Maps/CommMap.pdf
☞ Duke Energy: http://www.locationindiana.com/images/Maps/ForeignMapfront2003.pdf
☞ Indianapolis Motor Speedway: http://www.indy500.com/
☞ Subaru of Indiana Automotive, Inc.: http://www.subaru-sia.com/slide/main_menu.html
☞ Toyota Motor Manufacturing, Indiana, Inc.: http://www.toyota.com/about/community/index.html
☞ Toyota Motor Manufacturing Indiana, Inc.: http://www.toyota.com/about/careers/html/

(インディアナ州マスメディア)

☞ Indianapolis Business Journal: http://www.ibj.com/
☞ Indianapolis Business Journal: http://trinity.ibj.com/newdaily2/
☞ Inside Indiana Business: InsideIndianaBusiness.com Report
☞ Inside Indiana Business: http://www.insideindianabusiness.com/newsitem.asp?id=10698
☞ Inside Indiana Business: http://www.insideindianabusiness.com/newsitem.

asp?id=10982
- ☞Inside Indiana Business: http://www.insideindianabusiness.com/newsitem.asp?id=12079
- ☞Inside Indiana Business: http://www.insideindianabusiness.com/newsitem.asp?id=12934
- ☞The Indianapolis Star: http://www2.indystar.com/library/factfiles/b/bayh_evan/bayh.html
- ☞The Indianapolis Star: wysiwyg://18/http://www.indystar.com/ print/articles/2/027733-1932-P.html
- ☞The Indianapolis Star: http://www.indystar.com/print/articles/4/007328-6644-P.html
- ☞The Indianapolis Star: wysiwyg://85/http://www.indystar.com/
- ☞The Indianapolis Star: http://www.indystar.com/print/articles/2/072446-7022-P.html
- ☞The Indianapolis Star: http://www.indystar.com/articles/7/111741-7057-P.html

(NPO法人)

- ☞AFL・CIO: http://www.aflcio/aboutus/thisistheaflcio/
- ☞American State Offices Association: www.asoajapan.org
- ☞Democratic Leadership Council: http://www.dlc.org
- ☞Democratic Leadership Council: http://www.dlc.org/ndol_ci.cfm?kaid=137&subid=281&contented=3180
- ☞Indiana Union Construction Industry: www.topnotch.org
- ☞International Economic Development Council: www.iedconline.org
- ☞UAW: http://www.uaw.org/about/uawmembership.html

(その他)

- ☞Delphi Corporation: http://www.delphi.com/sbout/main/
- ☞Ford Motors Company: http://www.ford.com/en/company/about/default.html
- ☞General Motors Corporation: http://www.gm.com/company/corp_info/profiles/
- ☞Taft, Stettinius & Hollister, LLP: http://www.taftlaw.com
- ☞University of Oklahoma: http://www.occe.ou.edu.edi/

【著者略歴】

邊牟木 廣海（へむき ひろみ）

1938年鹿児島県生まれ。
法政大学大学院社会科学研究科博士後期課程(政治学専攻)修了。政治学博士。米国インディアナ州政府駐日代表。

［主要研究論文］
『米国インディアナ州政府の外国企業誘致政策』『海外直接投資のグローバルな展開』

［著　書］
『破綻と再生』(共著、日本評論社、1999年)、『戦後アメリカ大統領事典』(共著、大空社、2009年)、『現代米国の虚像と実像』(共著、同文館、2009年)ほか。

【現代臨床政治学シリーズ６】

海外直接投資の誘致政策

2009年9月30日　　初　版　第1刷発行　　　　　　　　　(検印省略)

＊定価はカバーに表示してあります

著者©邊牟木廣海／発行者 下田勝司　　　印刷・製本 中央精版印刷

東京都文京区向丘1-20-6　郵便振替00110-6-37828
〒113-0023　TEL(03)3818-5521(代)　FAX(03)3818-5514
　　　　E-mail : tk203444@fsinet.or.jp
Published by TOSHINDO PUBLISHING CO., LTD.
1-20-6, Mukougaoka, Bunkyo-ku, Tokyo, 113-0023 Japan
http://www.toshindo.com/

発行所　株式会社 東信堂

ISBN978-4-88713-935-0　　C3333　　©Hiromi Hemuki

東信堂

政治学入門——日本政治の新しい夜明けはいつ来るか	内田 満	一八〇〇円
政治の品位	内田 満	二〇〇〇円
帝国の国際政治学——冷戦後の国際システムとアメリカ	山本吉宣	四七〇〇円
解説 赤十字の基本原則——人道機関の理念と行動規範	J・ピクテ 井上忠男訳	一二〇〇円
医師・看護師の有事行動マニュアル——医療関係者の役割と権利義務	井上忠男	三二〇〇円
社会的責任の時代	功刀達朗・野村彰男編著	三二〇〇円
国際NGOが世界を変える——地球市民社会の新しい制度	功刀達朗・毛利勝彦編著	二〇〇〇円
国連と地球市民社会の新しい地平	功刀達朗・内田孟男編著	三四〇〇円
公共政策の分析視角	大木啓介編著	三四〇〇円
実践 ザ・ローカル・マニフェスト	松沢成文	一二三八円
実践 マニフェスト改革	松沢成文	二三〇〇円
NPO実践マネジメント入門	パブリックリソースセンター	一八〇〇円
NPOの公共性と生涯学習のガバナンス	高橋 満	二八〇〇円
インターネットの銀河系	カステル著 矢澤・小山訳	三六〇〇円
〈現代臨床政治学シリーズ〉リーダーシップの政治学	石井貫太郎	一六〇〇円
アジアと日本の未来秩序	伊藤重行	一八〇〇円
象徴君主制憲法の20世紀的展開	下條芳明	二三〇〇円
ネブラスカ州の一院制議会	藤本一美	一六〇〇円
ルソーの政治思想	根本俊雄	二〇〇〇円
海外直接投資の誘致政策	邊牟木廣海	一八〇〇円
シリーズ《制度のメカニズム》 アメリカ連邦最高裁判所	大越康夫	一八〇〇円
衆議院——そのシステムとメカニズム	向大野新治	一八〇〇円
フランスの政治制度	大山礼子	一八〇〇円
イギリスの司法制度	幡新大実	二〇〇〇円

〒113-0023 東京都文京区向丘1-20-6 TEL 03-3818-5521 FAX 03-3818-5514 振替 00110-6-37828
Email tk203444@fsinet.or.jp URL:http://www.toshindo-pub.com/

※定価：表示価格（本体）＋税

東信堂

国際法新講〔上〕	田畑茂二郎	二九〇〇円
〔下〕		二七〇〇円
ベーシック条約集（二〇〇九年版）	編集代表 松井芳郎	三六〇〇円
ハンディ条約集	編集代表 松井芳郎	一六〇〇円
国際人権条約・宣言集（第3版）	編集 松井芳郎・薬師寺・坂元・小畑・徳川	三八〇〇円
国際経済条約・法令集（第2版）	編集 松井芳郎	三九〇〇円
国際機構条約・資料集（第2版）	編集代表 香西茂・安藤仁介	小松小小室寿治夫編集 三三〇〇円
判例国際法（第2版）	編集代表 松井芳郎	三八〇〇円
国際立法——国際法の法源論	村瀬信也	六八〇〇円
条約法の理論と実際	坂元茂樹	四三〇〇円
武力紛争の国際法	真山全編	一四二〇〇円
国連安保理の機能変化	村瀬信也編	二八六〇円
海洋境界画定の国際法	村瀬信也編	二七〇〇円
国際刑事裁判所	村瀬信也編	二八〇〇円
自衛権の現代的展開	江藤淳一編	二八〇〇円
国際法から世界を見る——市民のための国際法入門（第2版）	洪恵子編	四三〇〇円
国際法／はじめて学ぶ人のための	村瀬信也編	二八〇〇円
国際法学の地平——歴史、理論、実証	大沼保昭	三六〇〇円
国際法と共に歩んだ六〇年	小田滋	六八〇〇円
スレブレニツァ——あるジェノサイドをめぐる考察	寺谷広司編	三八〇〇円
21世紀の国際機構：課題と展望	中川淳司編著	三八〇〇円
21世紀の国際秩序と海洋政策（海洋政策研究叢書1）	長有紀枝	三三〇〇円
海の国際秩序と海洋政策（海洋政策研究叢書1）	栗林忠男・秋山昌廣編	七一四〇円
国際機構法の研究	位田隆一	六八〇〇円
〔21世紀国際社会における人権と平和〕	編集代表 安藤仁介編	
国際社会の法構造——その歴史と現状（上・下巻）	中村道	八六〇〇円
現代国際法における人権と平和の保障	編集代表 山手治之 編集 山手治之・香西茂	五七〇〇円
		六三〇〇円

〒113-0023 東京都文京区向丘1-20-6 TEL 03-3818-5521 FAX 03-3818-5514 振替 00110-6-37828
Email tk203444@fsinet.or.jp URL:http://www.toshindo-pub.com/

※定価：表示価格（本体）＋税

東信堂

責任という原理―科学技術文明のための倫理学の試み―『責任という原理』へ	H・ヨナス 加藤尚武監訳	四八〇〇円
主観性の復権―心‐身問題から『責任という原理』へ	H・ヨナス 宇佐美・滝口訳	二〇〇〇円
テクノシステム時代の人間の責任と良心	H・ヨナス 山本・盛永訳	三五〇〇円
空間と身体―新しい哲学への出発	桑子敏雄	三五〇〇円
環境と国土の価値構造	千田智雄	三五八一円
森と建築の空間史―南方熊楠と近代日本	日本感性工学会編	四三八一円
感性哲学1〜7	性哲学部会編	一六〇〇〜二〇〇〇円
メルロ=ポンティとレヴィナス―他者への覚醒	屋良朝彦	三八〇〇円
堕天使の倫理―スピノザとサド	佐藤拓司	二八〇〇円
〈現われ〉とその秩序―メーヌ・ド・ビラン研究	村松正隆	三八〇〇円
省みることの哲学―ジャン・ナベール研究	越門勝彦	三八〇〇円
精神科医島崎敏樹―人間の学の誕生	井原裕	二六〇〇円
バイオエシックス入門（第三版）	今井道雄編	二三八一円
バイオエシックスの展望	香川知晶編著	三三〇〇円
動物実験の生命倫理―個体倫理から分子倫理へ	松坂・岡田・悦宏	三三〇〇円
生命の神聖性説批判	H・クーゼ 飯田・岡・他訳 代表者 大上泰弘	四六〇〇円
カンデライオ（ジョルダーノ・ブルーノ著作集・1巻）	加藤守通訳	四〇〇〇円
原因・原理・一者について（ジョルダーノ・ブルーノ著作集・3巻）	加藤守通訳	三三〇〇円
英雄的狂気（ジョルダーノ・ブルーノ著作集・7巻）	加藤守通訳	三六〇〇円
ロバのカバラ―ジョルダーノ・ブルーノにおける文学と哲学	N・オルディネ 加藤守通訳	三六〇〇円
食を料理する―哲学的考察	D・M・カプラン 訳者 増田・他	三〇〇〇円
言葉の力（音の経験・言葉の力第I部）	松永澄夫	二五〇〇円
音の経験（音の経験・言葉の力第II部）	松永澄夫	二八〇〇円
環境―言葉はどのようにして可能となるのか	松永澄夫	二〇〇〇円
安全という価値は…	松永澄夫編	二三〇〇円
環境設計の思想	松永澄夫編	二四〇〇円
プラットフォーム環境教育	石川聡子	

〒113-0023 東京都文京区向丘1-20-6 TEL 03-3818-5521 FAX03-3818-5514 振替 00110-6-37828
Email tk203444@fsinet.jp URL:http://www.toshindo-pub.com/

※定価：表示価格（本体）＋税

東信堂

〈未来を拓く人文・社会科学シリーズ〉(全19冊)

科学技術ガバナンス	城山英明編	一八〇〇円
ボトムアップな人間関係	サトウタツヤ編	一六〇〇円
高齢社会を生きる	清水哲郎編	一八〇〇円
家族のデザイン	小長谷有紀編	一八〇〇円
水をめぐるガバナンス	蔵治光一郎編	一八〇〇円
生活者がつくる市場社会	久米郁男編	一八〇〇円
グローバル・ガバナンスの最前線	遠藤乾編	二二〇〇円
資源を見る眼	佐藤仁編	二二〇〇円
これからの教養教育	鈴木佳秀・葛西徳二編	一八〇〇円
「対テロ戦争」の時代の平和構築	黒木英充編	一八〇〇円
企業の錯誤／教育の迷走	青島矢一編	一八〇〇円
日本文化の空間学	桑子敏雄編	二二〇〇円
千年持続学の構築	木村武史編	一八〇〇円
多元的共生を求めて	宇田川妙子編	一八〇〇円
芸術は何を超えていくのか？	沼野充義編	一八〇〇円
芸術の生まれる場	木下直之編	二〇〇〇円
文学・芸術は何のためにあるのか？	岡田暁生・片山杜秀編	一八〇〇円
〈境界〉の今を生きる	吉田純・荒牧央編	一八〇〇円
紛争現場からの平和構築	遠藤誠治・石田勇治・藤原帰一編	二八〇〇円
公共政策の分析視角	大木啓介編	三四〇〇円
共生社会とマイノリティの支援	寺田貴美代	三六〇〇円
医療倫理と合意形成──治療・ケアの現場での意思決定	吉武久美子	三三〇〇円
改革進むオーストラリアの高齢者ケア	木下康仁	二四〇〇円
認知症家族介護を生きる	井口高志	四二〇〇円

〒113-0023 東京都文京区向丘1-20-6
TEL 03-3818-5521 FAX03-3818-5514 振替 00110-6-37828
Email tk203444@fsinet.or.jp URL:http://www.toshindo-pub.com/

※定価：表示価格（本体）＋税

東信堂

〔世界美術双書〕

バルビゾン派	井出洋一郎	二二〇〇円
キリスト教シンボル図典	中森義宗	二二〇〇円
パルテノンとギリシア陶器	中森義宗	二二〇〇円
中国の版画──唐代から清代まで	関 隆志	二二〇〇円
象徴主義──モダニズムへの警鐘	小林宏光	二二〇〇円
中国の仏教美術──後漢代から元代まで	中村隆夫	二二〇〇円
セザンヌとその時代	久野美樹	二二〇〇円
日本の南画	浅野春男	二二〇〇円
画家とふるさと	武田光一	二二〇〇円
ドイツの国民記念碑 一八一三─一九一三年	小林 忠	二二〇〇円
日本・アジア美術探索	大原まゆみ	二二〇〇円
インド、チョーラ朝の美術	永井信一	二二〇〇円
古代ギリシアのブロンズ彫刻	袋井由布子	二二〇〇円
	羽田康一	二二〇〇円

〔芸術学叢書〕

芸術理論の現在──モダニズムから	藤枝晃雄編著	三八〇〇円
絵画論を超えて	谷川渥著	三八〇〇円
幻影としての空間──図学からみた東西の絵画	尾崎信一郎	四六〇〇円
	小山清男	三七〇〇円

美術史の辞典	P・デューロ他 中森義宗・清水忠訳	三六〇〇円
バロックの魅力	中森義宗・清水忠訳他	
新版 ジャクソン・ポロック	藤枝晃雄編	二六〇〇円
美学と現代美術の距離──アメリカにおけるその乖離と接近をめぐって	小穴晶子編	二六〇〇円
ロジャー・フライの批評理論──知性と感受	藤枝晃雄	二六〇〇円
レオノール・フィニ──新しい種	金 悠美	三八〇〇円
アーロン・コープランドのアメリカ	要 真理子	四二〇〇円
	尾形希和子	二八〇〇円
	G・レヴィン／J・ティック編 奥田恵二訳	三三〇〇円
イタリア・ルネサンス事典	P・マレーL・マレー 中森義宗監訳	七八〇〇円
キリスト教美術・建築事典	中森義宗監訳	
芸術／批評 0〜3号	藤枝晃雄責任編集	一六〇〇〜二〇〇〇円 続刊

〒113-0023 東京都文京区向丘1-20-6　TEL 03-3818-5521　FAX 03-3818-5514　振替 00110-6-37828
Email tk203444@fsinet.or.jp　URL:http://www.toshindo-pub.com/

※定価：表示価格（本体）＋税